HEIKO ANTONIEWICZ KLAUS DAHLBECK

VERWEGEN KOCHEN

HEIKO ANTONIEWICZ KLAUS DAHLBECK

VERWEGEN KOCHEN

MOLEKULARE TECHNIKEN UND TEXTUREN

2. AUFLAGE 2008

MATTHAES VERLAG GMBH

WISSENSCHAFT TRIFFT HAUTE CUISINE –

DIE BEDEUTUNG DER MOLEKULAREN GASTRONOMIE

Hätte der britische Physiker Nicholas Kurti geahnt, was er mit dem Begriff der Molekularen Gastronomie auslösen würde, dann hätte er sich diese Wortschöpfung vermutlich als Trademark sichern lassen. Der Begriff bezeichnet die einflussreichste Entwicklung in der Haute cuisine der letzten fünfzehn Jahre, deren Höhepunkt noch lange nicht erreicht ist. Denn es handelt sich nicht um eine mehr oder weniger historisch bedeutsame Mode wie etwa die Nouvelle cuisine, sondern um eine neue Form der Kooperation, der Zusammenarbeit von Koch und Wissenschaftler, oder genauer gesagt um einen Technologietransfer aus der Verfahrenstechnik in die Küche. Wie in den meisten Handwerksberufen deuten auch beim Koch die Zeichen der Zeit in Richtung Forschung und Technologie.

Hervé This hat in seinen erfolgreichen Büchern einen ganz wichtigen Beitrag zum wissenschaftlichen Verständnis des Kochens geliefert und die, für den Laien unverständliche Lebensmittelchemie anschaulich und humorvoll ins Bild gesetzt. Tatsächlich beschäftigt sich der Koch immer mit angewandter Naturwissenschaft. Und so war es nur eine Frage der Zeit, bis sich experimentierfreudige Köche wie Ferran Adrià oder Heston Blumenthal damit zu beschäftigen begannen, wie die Lebensmittelindustrie ihre Produkte entwickelt und gestaltet. Um ein Produkt millionenfach in der gleichen Qualität herzustellen, arbeiten eine Vielzahl von Wissenschaftlern und Technologen an der optimalen Rezeptur und den besten Kochverfahren. Genau hier liegt die Schnittstelle zu den modernen Molekularköchen.

Ihrer Neugier ist es zu verdanken, dass sich ein stärker wissenschaftlich-technologisches Verständnis des Kochens entwickelt. Die Zusammenarbeit von Köchen und Wissenschaftlern wird zu einer Veränderung des Berufsbildes führen und in die Ausbildung werden zunehmend Kenntnisse aus Chemie, Physik und Verfahrenstechnik einfließen. Im Forschungsprojekt INICON.net wurde eine solche Kooperation schon im Jahre 2003 geprobt: Neben Adrià und Blumenthal arbeiteten auch klassisch-traditionell ausgerichtete Köche wie Emile Jung aus Straßburg und Oliver Schmidt aus Bremen mit Wissenschaftlern von INRA Paris und dem ttz Bremerhaven zusammen, um Grundlagen zu entwickeln und Verfahren zu erproben. Nutznießer dieser Experimente waren die größte Kochschule aus Paris (École Grégoire Ferrandi), die mittelständische Lebensmittelindustrie und last but not least der Gast.

Diese Form des Technologietransfers ist in Deutschland leider immer noch sehr selten zu finden. Dies hat sicher auch etwas mit dem Verhältnis von Küche zu Wissenschaft und Technologie im deutschsprachigen Raum zu tun. Die Molekularküche eröffnet dem Koch eine neue Dimension der Gestaltung, zeigt Wege auf, um neue Rezepturen möglich zu machen und produziert neue Erkenntnisse, kurzum sie bringt die gesamte Profession voran. Von der Nutzung modernster Informationsmedien (siehe die Weinkarte von Josep Roca in Girona) über den spektakulären Einsatz von Tiefkühlgasen oder Lasertechnologie (Homaru Cantu in Chicago) reicht die Palette der Molekularen Gastronomie. Was davon eher ins Unterhaltungsfach denn in die gehobene Gastronomie gehört, sollte der Gast selbst beurteilen. Sicher, viele der modischen Auswüchse werden wieder verschwinden. Aber an einem Punkt wird sich die gastronomische Uhr nicht mehr zurückstellen lassen: an der Umsetzung von wissenschaftlich-technischen Erkenntnissen und Verfahren in der modernen, gehobenen Küche. Rezepturen werden genauer, Irrlehren verschwinden (z. B. wie das Fleisch die Poren schließt), und das Wissen nimmt zu. Die Qualität der Gerichte wird ebenfalls zunehmen, weil wir Qualität messen können. Aber auch die Kritik der Gastronomie wird sich entwickeln müssen, will sie auf Dauer auf gleicher Augenhöhe mit dem Koch über dessen Arbeit urteilen.

Ein kurzer Blick ins Internet auf einige der rasant zunehmenden Blogs, die sich mit Essen und Trinken beschäftigen, zeigt, dass die so genannte Web-Generation völlig unbefangen und pragmatisch mit dem Thema Molekulare Gastronomie umgeht, gleichzeitig aber beispielsweise auch Interesse an der Rekultivierung aussterbender Nutzpflanzen hat. Hier ist eine Entwicklung im Gange, die gutes Essen und Trinken mit einem modernen und bewusst antielitären Lifestyle kombiniert und dabei bewusst zwischen Tradition und Moderne pendelt.

Bei dem vorliegenden Buch haben sich zwei Protagonisten dieser „Subkultur" von Wissen und Machen zusammengetan: der Molekularkoch Heiko Antoniewicz und der Journalist und Blogger Klaus Dahlbeck. Beide verbindet eine unbändige kulinarische Neugier. Die Kooperation mit Wissenschaftlern und Technologen gehört für beide zum Alltag. Beide kommen aus dem Ruhrgebiet, einer Region, die sich im Umbruch befindet, ohne alte Qualitäten zu vergessen, wie harte Arbeit und der Spaß daran.

Beides sei dem geneigten Leser bei der Lektüre empfohlen.

WERNER MLODZIANOWSKI
Leiter des Technologie-Transfer-Zentrums Bremerhaven (ttz)

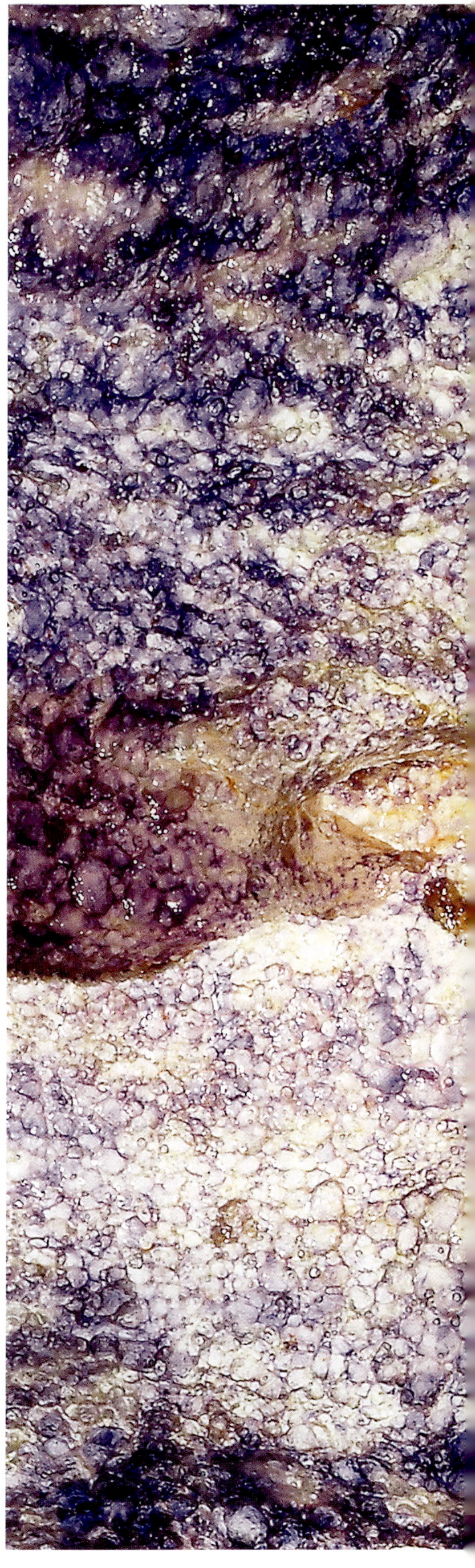

EDITORIAL

Das Wesen eines normalen Kochbuchs liegt darin, Lesern zu erklären, wie Gerichte präzise nachzukochen oder zu modifizieren sind. Weil gute Rezepte sich aber von selbst erklären, braucht ein normales Kochbuch auch keine weiterführenden Erläuterungen, keine Hintergrundberichte und kein Glossar. Ja, es benötigt nicht mal ein Editorial. Im vorliegenden Fall ist die Lage allerdings anders, denn dieses Buch ist kein normales Kochbuch. Es muss mehr erklären als nur Rezepte.

Auch wenn andere es für übertrieben halten mögen, sind wir der festen Überzeugung, derzeit eine der bedeutendsten Revolutionen in der Geschichte der Kochkunst zu erleben, ja vielleicht die bedeutendste überhaupt. Eine Revolution, die keinesfalls im Kugelhagel des sphärischen Kaviars, also in einer Art kulinarischem friendly fire zum Erliegen kommen wird, vernebelt von Rauchschwaden flüssigen Stickstoffs, denn bei der von Molekularer Gastronomie, von naturwissenschaftlichen Erkenntnissen inspirierten Avantgardeküche geht es um viel mehr als nur Effekte. Die sphärische Aperolkugel ist nicht mehr und nicht weniger als das Symbol für eine neue Art zu kochen, sie steht für den Aufbruch in neue Welten.

Viele Verfechter der traditionellen Kochkunst halten Molekulare Gastronomie und alles, was damit in Zusammenhang steht, mindestens für Verrat an der Esskultur und lehnen die konsequente Anwendung wissenschaftlicher Erkenntnisse sowie moderner Technologien ab. Aber eine Revolution ist nun mal die ruckartige Nachholung verhinderter Entwicklung, und irgendwann steht sie notwendiger Weise auf der Tagesordnung. Es geht dabei um eine Entwicklung, die in Bezug auf die technologischen Möglichkeiten der Nahrungsmittelzubereitung in den letzten Jahrzehnten hauptsächlich von der Lebensmittelindustrie vorangetrieben, aber von der Haute cuisine nahezu komplett ignoriert wurde. Die ideologischen Gegensätze zwischen Tiefkühlkostkultur und frischer Küche verstellten zu lange den Blick auf die neuen Möglichkeiten: die Nutzung von Texturgebern, die Anwendung von Garverfahren wie Sous-vide, die Nutzung der Erkenntnisse aus der Aromenforschung und der vielen hilfreichen Gerätschaften vom Gastrovac über den Superbag bis hin zum Rotationsverdampfer. Noch nie war die Technologie Feind einer anspruchsvollen Küche, sonst würde heute kein Koch einen Kühlschrank benutzen, mit einem Zauberstab pürieren oder gar auf einem Induktionsherd kochen. Mit unserem Buch wollen wir dazu beitragen, die ideologischen Widerstände aufzulösen, einen Verständnistransfer zu bewirken und den Blick auf die Möglichkeiten zu lenken, die wissenschaftlich inspiriertes Kochen eröffnet.

Es ist Wissenschaftlern wie Nicholas Kurti (†), Hervé This, Harold McGee und Peter Barham zu verdanken, dass Kochen aus der Bastelecke herauskam und auf eine dringend nötige wissenschaftliche Basis gestellt wurde. Köche wie Ferran

Adrià, Heston Blumenthal und viele andere setzen dieses Wissen inzwischen kreativ, lustvoll und auf höchstem Niveau um. Es ist auf diese Weise aber auch eine nie da gewesene Kommunikationskultur in der Kochszene entstanden: Erfahrungen werden ausgetauscht, zahlreiche Arbeitstreffen abgehalten und Forschungsprojekte mit Instituten, Technologiezentren und einzelnen Wissenschaftlern entwickelt. Wir, die Autoren dieses Buches, verstehen uns als Teil dieser wachsenden Bewegung, die molekular inspirierte Küche nicht als Mittel zum Zweck ausreservierter Gastronomiebetriebe einsetzt, sondern die angetrieben von Wissensdurst, Neugierde und der puren Freude am Kochen dazu bereit ist, täglich neu zu lernen und zu experimentieren. Wir sehen den Gast im Restaurant oder im privaten Esszimmer aber nicht als Versuchskaninchen. Er hat Anspruch auf ausgereifte Kreationen, und deshalb zählt besonders für die molekular inspirierte Avantgardeküche das mehrfache Testen und Abgleichen von Rezepturen zum Alltagsgeschäft. In diesem Zusammenhang mussten wir lernen zu akzeptieren, dass an einem arbeitsreichen Tag oft mehr neue Fragen aufgeworfen werden, als alte, noch offene beantwortet werden können. Allen voran dem TTZ Bremerhaven, das uns beratend zur Seite stand, aber auch Hervé This, Werner Grosch und Harold McGee, die uns in Vorbereitung dieses Buches mit Informationen zu unterschiedlichsten Problemen versorgten, möchten wir an dieser Stelle dafür danken, dass sie unsere Suche nach Antworten mit naturwissenschaftlichem Know-how unterstützt haben.

Wir wollen mit diesem Buch aus zwei Perspektiven Einblicke in eine neue, aufregende Welt des Kochens geben, und zwar aus der des Kochs und der des Journalisten. Als wir uns 1991 in der Küche der Essener Résidence zum ersten Mal trafen und kennenlernten, breitete sich gerade der Euro-Asiatische Trend in der deutschen Gastronomielandschaft aus. Seither haben wir einige kulinarische Mega- und Minitrends miterlebt, sie ausprobiert, diskutiert und kommentiert. Über die Jahre haben wir die Arbeit des anderen immer mehr schätzen gelernt und immer besser verstanden. Wir hätten an diesem Nachmittag im Jahr 1991, als wir vor einem Haufen frisch gerupfter Fasanenfedern saßen und über Kochwettbewerbe redeten, sicher nicht für möglich gehalten, irgendwann einmal zusammen ein Buch zu schreiben. Umso notwendiger erschien es uns jetzt, gemeinsam ein Buch zu machen, das sowohl aufregende Rezepte wie auch anwendungstechnische Unterstützung und Hintergrundinformationen aus der facettenreichen Welt des molekular inspirierten Kochens bietet. Das alles verbunden mit dem Ziel, ein Bild von dem Geschehen zu zeichnen, das unsere Lust am Kochen und Genießen in den letzten Jahren auf eine Weise befeuerte, wie wir es zuvor noch nicht erlebt hatten. Wir wünschen uns, dass wir mit diesem Buch allen Leserinnen und Lesern nicht nur einen Eindruck von dieser Lust vermitteln, sondern auch fiebrige Ansteckung verbreiten können.

HEIKO ANTONIEWICZ **KLAUS DAHLBECK**

INHALT

MEILENSTEINE DER VORHISTORISCHEN UND MODERNEN MOLEKULAREN GASTRONOMIE

VOR 1700

ENTDECKUNG VON AGAR FÜR DIE OSTASIATISCHE KÜCHE
In China und Japan wird erstmals Agar-Tang als Geliermittel eingesetzt.

1682

HERSTELLUNG VON GELATINE
Der französische Mathematiker und Physiker Denis Papin findet einen Weg zur Gewinnung von Gelatine.

1794

RUMFORD STUDIES
Sir Benjamin Thompson veröffentlicht seine bedeutende Arbeit *On the construction of kitchen fireplaces and kitchen utensils, together with remarks and observations relating to the various processes of cookery, and proposals for improving that most useful art.*

1844

CHEMISCHE BRIEFE
Der Nobelpreisträger für Chemie, Justus von Liebig, veröffentlicht in seinen chemischen Briefen Erkenntnisse über Zusammensetzung, Verarbeitung und Wirkung von Nahrungsmitteln. Insbesondere die Briefe Nr. 29, 30 und 32 sind in diesem Zusammenhang von großer Bedeutung.

1896

CRÊPE SUZETTE
Das Flambieren hält Einzug in die Gastronomie. Der erste Crêpe Suzette wird serviert.

MAILLARD-REAKTIONEN 1912

Der französische Chemiker und Physiker Louis Camille Maillard entdeckt die Ursachen nicht-enzymatischer Bräunungsreaktionen, die aromatische Verbindungen beim Braten, Rösten und Backen proteinhaltiger Lebensmittel entstehen lässt.

THE PHYSICIST IN THE KITCHEN 1969

Vortrag von Nicholas Kurti im März 1969 für die britische Royal Society.

SOUS-VIDE 1974

Der Lebensmittelchemiker Bruno Goussault sowie die Köche Georges Pralus und Pierre Troisgrois erzielen erste Erfolge mit Gartechniken im Vakuumverfahren.

ON FOOD AND COOKING – THE SCIENCE AND LORE OF THE KITCHEN 1984

Der amerikanische Literaturprofessor und Wissenschaftsjournalist Harold McGee veröffentlicht die erste Ausgabe seines Klassikers über naturwissenschaftliche Abläufe in der Küche.

MOLECULAR AND PHYSICAL GASTRONOMY 1988

Nicholas Kurti und Hervé This beginnen ihre intensive Zusammenarbeit. Auf den Begriff „Physical" wurde nach Kurtis Tod (1998) von Hervé This verzichtet. So etablierte sich die Bezeichnung *Molekulare Gastronomie* für die Erforschung aller sozial- und naturwissenschaftlichen Zusammenhänge in Bezug auf die Kochkunst.

WORKSHOP OF MOLECULAR AND PHYSICAL GASTRONOMY 1992

Auf Initiative von Nicholas Kurti und Hervé This treffen sich erstmals Köche und Wissenschaftler zu einem mehrtägigen internationalen Erfahrungsaustausch. Die Treffen finden am *ETTORE MAJORANA CENTRE FOR SCIENTIFIC CULTURE* im sizilianischen Erice statt. Weitere Treffen folgen 1995, 1997, 1999, 2001 und 2004.

LABORATORY FOR MOLECULAR GASTRONOMY 1995

Am Pariser *College de France* wird unter Leitung von Hervé This ein Institut gegründet, das sich mit naturwissenschaftlichen Fragen der Kulinarik befasst.

2001

KITCHEN CHEMISTRY

Der englische Koch Heston Blumenthal (Fat Duck, Bray) startet mit einer sechsteiligen Fernsehserie zur Chemie in der Küche auf Discovery Channel.

2003 – 2005

INICON PROJECT

Im Rahmen des 5. EU-Forschungsprogramms wird unter Leitung des *TTZ Bremerhaven* und Beteiligung von Ferran Adrià, Heston Blumenthal, Emile Jung und Hervé This ein Projekt zum Wissensaufbau und Wissenstransfer zwischen Naturwissenschaft und Kochkunst etabliert. Auf Basis der Molekulargastronomie verknüpft *Inicon* den aktuellen Stand der Wissenschaft und Technologie mit den Anforderungen, Bedürfnissen und Erfahrungen eines durch Intuition, Autodidaktik und Kunst geprägten Handwerks.

2003

MADRID FUSION

Erstes großes Treffen der weltweit einflussreichsten Avantgardeköche im Land des kulinarischen Aufbruchs, Spanien. Seither findet die Madrid Fusion jährlich unter Teilnahme rund 150 internationaler Starköche sowie vieler Wissenschaftler statt.

2003

MELONENKAVIAR

Ferran Adrià serviert erstmals seinen Melonenkaviar und löst damit einen Boom in Sachen sphärischer Techniken und Anwendung von Texturgebern aus.

2006

STATEMENT ON THE NEW COOKERY

Die Londoner Wochenzeitung *The Observer* veröffentlicht im Dezember 2006 ein vier Punkte umfassendes Statement, erarbeitet von Ferran Adrià, Heston Blumenthal, Thomas Keller und Harold McGee. Aufgrund der vielen Missverständnisse gegenüber ihrer Art zu kochen und zu forschen sehen sie die Notwendigkeit zu einer öffentlichkeitswirksamen Stellungnahme.

2007

FLAVOUR PAIRING

Über *www.blog.khymos.org* startet der norwegische Physiker Martin Lersch die Aktion *They Go Really Well Together* (TGRWT), die das Thema Food Pairing / Flavour Pairing in den Blickpunkt stellt und über das Internet Köche aufruft, neue Kombinationsmöglichkeiten von Grundprodukten und Zutaten anhand von Überschneidungen bei Schlüsselaromen zu suchen.

WENN WISSENSCHAFT KREATIV MACHT

Verwegenheit. Eine menschliche Eigenschaft, die in den letzten zwei Jahrzehnten schwer aus der Mode gekommen ist. Seit der frühgriechischen Epik steht der Begriff für die seelische Bereitschaft des Menschen, Wagnisse einzugehen und Handlungshemmungen zu überwinden. Aber Anpassungsdruck, Existenzängste und Kompromissstreben ließen in unserer Gesellschaft eine Stimmung entstehen, in der Verwegenheit als Draufgängertum und Kühnheit als Waghalsigkeit missverstanden wurden. Das blieb auch für die Kochkunst in Deutschland nicht folgenlos, die seit Etablierung der Nouvelle cuisine lediglich einem Optimierungskurs folgte. Trends wie Euro-Asiatische und Neue Regionale Küche verstärkten nur der Nouvelle cuisine ohnehin innewohnende Aspekte. Ihre Umsetzung erforderte von ihren Protagonisten zwar durchaus Phantasie und handwerkliche Präzision, aber letzten Endes eben keine Verwegenheit. Und ähnlich wie in den Revolutionszeiten der Nouvelle cuisine begann auch die letzte große kulinarische Umwälzung ohne Beteiligung der Deutschen: die Molekulare Gastronomie, auch Molekularküche genannt.

DIE ANFÄNGE IN ENGLAND

Für sinnlich orientierte Menschen, die Köche und Feinschmecker nun mal sind, ist der Begriff *Molekularküche* ungefähr so positiv geladen wie das Wort *Winterpause* für Fußballfans. Welches Gehirn erzeugt schon Bilder von verführerisch angerichteten Tellern oder rotem, fein durchädertem Ibérico-Schinken, wenn es das Wort Molekularküche verarbeiten muss?

Ausgangspunkt für die Molekulare Gastronomie war ein Vortrag Nicholas Kurtis, gehalten am 14. März 1969 für die Royal Society, deren Mitglied er war. Thema: The physicist in the kitchen. Kurti, 1908 in Ungarn geboren, war zu dieser Zeit bereits Physikprofessor an der renommierten englischen Universität Oxford, spezialisiert auf Tieftemperaturforschung. Bis zum Ende des 2. Weltkriegs hatte er noch im Rahmen des geheimen *Manhattan Projects* an der Entwicklung der Atombombe mitgewirkt und Erkenntnisse über die Abspaltung von Plutonium 235 aus Rohplutonium beigesteuert. Und nun, genau 128 Tage vor der ersten Mondlandung, sorgte Hobbykoch Kurti ausgerechnet mit Kochwissenschaft für Aufsehen. Seine Botschaft an die versammelten Wissenschaftler war ein Zitat des Gastrosophen Jean Anthelme Brillat-Savarin (1755 – 1826): „Die Erfindung eines neuen Gerichts ist für das Glück der Menschheit von größerer Bedeutung als die Entdeckung eines neuen Sterns."

Wie viel Spieltrieb in Kurti gesteckt und wie viel diebisches Vergnügen ihm die Kochwissenschaft bereitet haben muss, kann schon an den von ihm ausgewählten Namen für seine Rezepturen festgemacht werden. So taufte er den Klassiker

„Die Erfindung eines neuen Gerichts ist für das Glück der Menschheit von grösserer Bedeutung als die Entdeckung eines neuen Sterns."

Baked Alaska kurzerhand in *Frozen Florida* um, weil seine Kreation – im Gegensatz zum Original – nicht innen kalt und außen warm, sondern genau umgekehrt temperiert war. Statt mit kaltem Eis im Innern und heißer Meringue außen produzierte er das Dessert mit inverser Temperaturgebung, indem er einen Behälter aus Meringue mit einer alkoholischen Flüssigkeit füllte, das Ganze für ein paar Stunden in den Eisschrank und danach in die Mikrowelle stellte. Bingo! Aus Baked Alaska wurde Frozen Florida. Wenn die Umkehrung des Klimawandels doch auch nur so einfach wäre.

Kurtis Ansatz, durch Umkehrung vertrauter Rezepturen neue Erkenntnisse zu transportieren und sie als sinnlich wahrnehmbare Überraschungseffekte erfahrbar zu machen, wird bis heute von den meisten der molekular inspirierten Avantgardeköche als so genanntes *inside out* oder *outside in* variiert. Homaro Cantu in Chicago präsentierte die bisher ungewöhnlichste Ausgestaltung des Themas und backte Brot mit der Kruste innen. Und auch in diesem Buch sind Rezepte zu finden, die auf Kurtis Ansatz zurückgehen. Die Ursuppe dessen, was heute als Molekularküche ausgelöffelt wird, hat also mitnichten labortechnische, sondern zutiefst sinnliche Inhaltsstoffe.

DIE SCHWIERIGKEIT, EINE TREFFENDE DEFINITION ZU FINDEN

Die Begriffe *Molekularküche* und *Molekulare Gastronomie* werden in Deutschland bis heute weder von Köchen noch von Gästen goutiert, eben weil sie unerquickliche Assoziationen wecken. Einige Medien degradieren die neuen Zubereitungen zum *Essen aus der Laborküche* oder halten sie bestenfalls für schlechte Show. Anhänger von Verschwörungstheorien mögen sogar glauben, die Molekulare Gastronomie sei die stille Rache der Nahrungsmittelindustrie an den Feinschmeckern, weil diese den Produkten der Großkonzerne in den vergangenen Jahrzehnten immer mit äußerst kritischer, öffentlichkeitswirksamer Haltung begegnet waren. Andersherum könnte die Neue Avantgardeküche auch als wirksame Rache der Feinschmecker an der Lebensmittelindustrie gedeutet werden, die jetzt deren Techniken nutzt, um mit besseren Grundprodukten noch besseres Essen zu machen. In Wahrheit ist es viel pragmatischer: Die fortschrittlichsten Köche haben ihre ideologischen Fesseln abgelegt. Sie haben festgestellt, dass ihnen Erkenntnisse, Techniken, Gerätschaften und vereinzelt auch Zutaten aus der Lebensmittelindustrie helfen, noch besser und kreativer zu kochen. Der amerikanische Wissenschaftsjournalist Harold McGee, Autor des Klassikers *On food and cooking* (Erstausgabe 1984), hat die Avantgarde der molekular inspirierten Köche in der Debatte um passende Bezeichnungen einmal als *New Daring Cooks* beschrieben. Neue verwegene Köche – ja, das trifft es tatsächlich sehr gut. „Kein Koch", so schrieb uns Harold in Vorbereitung dieses Buches, „denkt an Moleküle, wenn er in der Küche steht. Denn auch neue Zutaten sind nur Zutaten, die man sehen, fühlen, riechen und schmecken kann."
Entstanden war der Begriff *Molekulare Gastronomie* im März 1988, als Nicholas Kurti und der französische Chemiker Hervé This in der Pariser Rue Férou ihre

intensive Zusammenarbeit begannen, die 1992 im ersten internationalen Workshop *Molecular and Physical Gastronomy* mündete, der seither am Ettore Majorana Centrum im sizilianischen Erice alle zwei bis drei Jahre abgehalten wird. Nach Kurtis Ableben (1998) setzte sich international der von This ursprünglich favorisierte Begriff *Molekulare Gastronomie* durch. Die Themen der Workshops, die seither in Erice unter wachsender Beteiligung von Spitzenköchen und Naturwissenschaftlern aus aller Welt stattgefunden haben, untermauern, dass Molekulare Gastronomie – wie This stets betont – keine kulinarische Modeerscheinung, sondern eine Wissenschaft vergleichbar der Molekularbiologie ist. Sie beschreibt die Auseinandersetzung mit den unzähligen kleinen und großen Fragen des Kochens. Welche Rolle spielt Fett beim Garen von Gemüse? Welche Aromen entstehen durch Garung? Wie wirkt Hitze auf Speisestärke, Zucker und Fleisch? Wie wichtig diese wissenschaftliche Aufklärungsarbeit ist, zeigt schon der Umstand, dass kaum ein Tag vergeht, an dem nicht in irgendeiner deutschsprachigen Kochsendung behauptet wird, dass scharfes Anbraten die Poren von Fleisch verschließe. Der deutsche Chemiker Justus von Liebig, dessen große Verdienste im Bereich der Lebensmittelchemie unbestritten sind, stellte vor etwa 150 Jahren diese These auf, die – obwohl längst widerlegt – auch in den Köpfen einiger etablierter Köche immer noch wie festgebacken scheint. Dabei braucht es nur Aufmerksamkeit beim Kochen und eine Prise Neugierde, um zu erkennen, dass an Liebigs Erklärung irgendwas nicht stimmen kann, da sogar aus schärfstens angebratenem Fleisch – es sei denn, es ist bereits zu Kohle degeneriert – noch Flüssigkeit austritt. Wo aber kommt sie her, wenn die Poren doch angeblich verschlossen sind? Genau diese Art Aufmerksamkeit der Köche, gepaart mit wissenschaftlicher Forschung, wird sowohl Alltagsküche als auch Kochkunst spürbar voranbringen.

DIE UNTERSCHIEDE ZWISCHEN MOLEKULARER GASTRONOMIE UND MOLEKULAR INSPIRIERTER KÜCHE

Wie hängt aber nun die Molekulare Gastronomie mit dem Kochstil zusammen, den Ferran und Albert Adrià, Heston Blumenthal, Pierre Gagnaire, Thomas Keller, Juan Amador und viele andere Spitzenköche in ihren oft experimentell anmutenden Degustationsmenüs demonstrieren und der den Rezepten in diesem Buch ebenfalls zugrunde liegt? Es ist ein Stil – und das maskiert in der öffentlichen Wahrnehmung zumeist den deutlichen Unterschied zur Molekularen Gastronomie – der maßgeblich inspiriert ist vom wissenschaftlichen Umgang mit dem Kochen, von den Erkenntnissen der Lebensmittelchemie, den Anwendungstechniken der Industrie. In Amerika wird dafür zunehmend der Begriff *Culinology* gebraucht, sozusagen eine sprachliche Emulsion aus culinary arts und food technology. Eingedeutscht: Kulinologie. Aber das klingt ungefähr so sexy wie Medizinische Fußpflege.

Es sind die Ziele, die Molekulare Gastronomie und, nein, nicht Kulinologie, sondern New Daring Cuisine so grundsätzlich unterscheiden. Während die Wissenschaft forscht und nach universellen Antworten sucht, wollen Köche, die sich von

Wissenschaft und Lebensmittelindustrie inspirieren lassen, neue Gerichte schaffen und außergewöhnliche Genussmomente inszenieren. Nichts macht diesen Unterschied deutlicher als eine Gegenüberstellung von Hervé This' Definition der Molekularen Gastronomie und Ferran Adriàs *Síntesis de la cocina de elBulli*, den sozusagen 23 Geboten der modernen Kochkunst. This, als Vertreter der Wissenschaft, verfolgt drei Ziele: 1. Erforschung sozialer Phänomene im Zusammenhang mit kulinarischer Aktivität. 2. Untersuchung chemischer und physikalischer Aspekte der künstlerischen Komponente des Kochens. 3. Auseinandersetzung mit den technischen Komponenten des Kochens zur Entwicklung von Definitionen sowie die Sammlung und Prüfung kulinarischer Details von Rezepten und Gerichten einschließlich ihres Erscheinungsbildes. Ursprünglich hatte This in seiner Dissertation über Molekulare Gastronomie eine fünf Punkte umfassende Definition herausgearbeitet, die er aber später revidierte, weil darin wissenschaftsferne technologische und politische Ziele verankert waren, zum Beispiel die Einführung neuer Geräte und Produkte sowie die Beendigung des schlechten Images einer mit Kochen in Zusammenhang stehenden Naturwissenschaft.

Ferran Adrià legt in seiner Síntesis dagegen eine philosophisch und anwendungspraktisch geprägte Theorie des Kochens dar. Schon der erste Punkt wirkt wie die Präambel eines kulinarischen Grundgesetzes: „Kochen ist eine Sprache, durch die Harmonie, Kreativität, Glück, Schönheit, Poesie, Komplexität, Magie, Humor, Provokation und Kultur ausgedrückt werden kann." Außerdem proklamiert er, dass alle Produkte den gleichen gastronomischen Wert besitzen, unabhängig von ihrem Preis. Zugleich pocht er auf Verwendung von Zutaten mit höchstmöglicher Produktqualität und mahnt die Pflege klassischer Kochtechniken an, die Kulturgut seien und – neben der modernen Art zu kochen – so sinnvoll wie möglich genutzt werden sollten.

Adrià verfolgt darüber hinaus auch eine kreative Strategie der Zerstörung, die er in Punkt 14 so beschreibt: „Die klassische Struktur der Gerichte wird zerstört. Bei Vor- und Nachspeisen gibt es eine Revolution, die viel mit der konzeptionellen Vereinigung zwischen der süßen und salzigen Welt zu tun hat. Bei den Hauptgerichten wird die Hierarchie bestehend aus (zentralem) Grundprodukt, Garnitur und Sauce zerstört." In einem Interview mit dem Berliner Tagesspiegel 2007 erläuterte Adrià an einem Beispiel, wie riskant der eingeschlagene Weg seinerzeit gewesen ist: „Salziges Eis haben wir 1993 zum ersten Mal gemacht und sind dafür fast ins Irrenhaus eingeliefert worden." Oft mündet der Zerstörungsdrang der Avantgardeköche in so genannte Dekompositionen. Das klingt anarchistischer als es tatsächlich ist. Denn das Arbeiten nach der Devise *Macht kaputt, weil's kreativ macht* bedeutet nur scheinbar den Bruch mit Traditionen. Auch wenn zum Beispiel maßgebliche Bestandteile einer *Tortilla Espagnol* (Kartoffeln, Zwiebeln und Eiklar) als Kartoffelschaum mit Zwiebelpüree und Sabayon oder ein *Westfälischer Erbseneintopf* als Eisbeinsülze mit Erbsenpüree auf Kartoffelscheiben mit Eisbeinchip wiedergeboren werden, kann das Ergebnis durchaus als Beitrag zur Traditionsspflege durchgehen. Anbiedernd ist diese Art zu kochen allerdings nicht.

„Kochen ist eine Sprache, durch die Harmonie, Kreativität, Glück, Schönheit, Poesie, Komplexität, Magie, Humor, Provokation und Kultur ausgedrückt werden kann."

KREATIVITÄT DURCH WISSENSCHAFT UND TECHNIK

Längst haben Adriàs Kochstil, seine Verwegenheit und Zielorientierung weltweit tausende Köche dazu animiert, mutiger zu werden, zu experimentieren und in ihnen eine neue Lust aufs Lernen entfacht. Diese Köche drängen nach vorne, werden besser und besser. In der von San Pellegrino alljährlich herausgegebenen Liste der fünfzig besten Restaurants der Welt sind im Jahr 2008 allein in den Top Ten neun Plätze an molekular inspirierte Köche vergeben worden. Viele der New Daring Cooks widmen sich Spezialgebieten, kooperieren mit Universitäten, Instituten oder einzelnen Wissenschaftlern. Im Mittelpunkt ihrer Projekte stehen zumeist besondere Gefrier-, Gar- und Trocknungstechniken sowie der Umgang mit Texturgebern. Oder die intensive Hinwendung zu bestimmten Erzeugnissen. Der spanische Spitzenkoch Paco Roncero beispielsweise widmet sich seit Jahren dem Thema Olivenöl. Er hielt es schlicht für unakzeptabel, dass sogar die Haute cuisine mit Olivenöl bisher hauptsächlich nur gebraten oder Vinaigrette hergestellt hat. Und so macht Paco aus Olivenöl Gummibärchen, Sobanudeln, Sphärische Oliven und Lutscher aus Olivenölschokolade.

Es bestehen unzählige Schnittmengen zwischen den unterschiedlichen Ausprägungen der New Daring Cuisine. Allen gemein ist jedoch eine Überschneidung mit der Molekularen Gastronomie als eine Art wissenschaftliche Grundmenge. Es dürfte keine allzu gewagte Prognose sein, für die Haute cuisine eine ausgeprägte anwendungstechnische Spezialisierung vorherzusagen. Unterscheidungen nach regionalen und traditionellen Bezügen werden an Bedeutung verlieren, gleichwohl werden sie in dieser neuen Küche weiterleben. Es wird sich wahrscheinlich sogar ein tieferes Verständnis von regionaler Küche entwickeln, das nicht zuletzt mit der Verfügbarkeit von Grundprodukten in bester und frischester Qualität sowie der Pflege und Rekultivierung alter Sorten zusammenhängt. Was wächst auf welchen Böden am besten? Wie finde ich Bauern, die nicht etwa das anbauen, was gerade im Trend liegt, sondern das, was in bester Qualität auf ihrem Boden wächst? Die Arbeit vieler engagierter Winzer in Deutschland hat über die letzten Jahrzehnte gezeigt, dass ein solches Herangehen richtig ist, dass es letzten Endes nicht lohnt, Chardonnay oder Grauburgunder in den besten Rieslinglagen anzubauen, nur weil der Konsument gerade nach Burgunder giert. Belohnt wurde ihre Standhaftigkeit mit einem bis dahin nie da gewesenen internationalen Erfolg deutscher Rieslinge. Für wissenschaftliche Unterstützung sorgte hierzulande die renommierte Fachhochschule in Geisenheim.

Genau wie qualitätsbesessene Önologen und Winzer versuchen auch molekulargastronomisch forschende Wissenschaftler und New Daring Cooks gar nicht erst, mit minderwertigeren Grundprodukten bessere Ergebnisse erzielen zu wollen als mit höherwertigen. Ganz im Gegensatz zur großen Lebensmittelindustrie, deren Forschungsarbeit und technische Möglichkeiten zwar zweifellos beeindruckend sind, deren Interesse aber in der Herstellung von Produkten liegt, die auf maximalen pekuniären Gewinn ausgerichtet sind. Sie will eben nicht in erster Linie den Geschmack von Fruchtjoghurts, von Süß- und Backwaren verbessern. Sie will beim Lebensmitteleinsatz sparen, ohne dass der Konsument den Mangel

DIE NEW DARING CUISINE LÄSST DEN GÄSTEN AUF HÖCHST CHARMANTE WEISE UNAUFMERKSAMKEIT NICHT DURCHGEHEN. SIE ANIMIERT SIE ZU ERHÖHTER KONZENTRATION, WEIL SIE IMMER WIEDER ÜBERRASCHENDES BIETET.

bemerkt. Zugegeben, auch das setzt kreatives Handeln voraus. Die aber geht zu Lasten der Produktwertigkeit. Und so stehen in den Regalen der Supermärkte Joghurtarmeen herum, die bei kritischer Betrachtung bestenfalls als *lebensmittelhaltige Speisen* durchgewunken werden können. Nicht zuletzt um die Zutatenminderwertigkeit auszugleichen, forscht die Lebensmittelindustrie intensiv in den Bereichen Textur, Mundgefühl, Aromawahrnehmung und Sound. Ja, auch die Geräuschkulisse beim Essen ist wichtig. Welche Geräusche machen Chips, Brötchen und Kekse beim Draufbeißen und Kauen, und welche Sounds werden vom Konsumenten als reizvoll oder abtörnend empfunden. Alle sinnlich wahrnehmbaren Aspekte werden schon seit vielen Jahren von der Industrie bei der Herstellung von Lebensmitteln berücksichtigt, die Haute cuisine steht hier erst am Anfang.

AUFMERKSAMKEIT MIT JEDEM BISSEN

Was die New Daring Cooks als treibende Kraft der Haute cuisine mit ihren vielseitigen Degustationsmenüs bei ihren Gästen nahezu durchgängig erreichen, ist etwas, was im alltäglichen Essverhalten nicht gepflegt wird und in der Spitzengastronomie abhanden zu kommen drohte: Essen mit dem gebotenen Respekt gegenüber dem zubereiteten Lebensmittel und darüber hinaus gegenüber der künstlerischen Leistung des Kochs. Ein Respekt, der nicht in erster Linie durch Geld und Teller leer essen, sondern durch Aufmerksamkeit, durch bewusstes Hinschmecken ausgedrückt wird. Jürgen Dollase macht als einer der wenigen deutschen Autoren, Kritiker und Gastrosophen in seinen Veröffentlichungen immer wieder deutlich, wie wichtig die Aufmerksamkeit gegenüber dem Essen ist. Denn nicht nur in den blühenden Fastfoodlandschaften wird oft unaufmerksam und unsinnlich gegessen, auch in der Spitzengastronomie.

Die New Daring Cuisine lässt den Gästen auf höchst charmante Weise Unaufmerksamkeit nicht durchgehen. Sie animiert sie zu erhöhter Konzentration, weil sie immer wieder Überraschendes bietet. Ironie, Spektakel und Performance, so sagt es auch Ferran Adrià, sind absolut zulässig, wenn sie nicht oberflächlich angelegt sind, sondern Antworten geben. Genau aus diesem Grund sind beispielsweise die viel gescholtenen Stickstofftechniken nicht generell als vernebelte Kochkunst, sondern in der durchdachten Variante durchaus als Erkenntnis bringende Anwendungen zu sehen, die Produkte von außergewöhnlicher Textur und mit einzigartiger physikalischer Dynamik schaffen können. Andersherum sind Stickstofftechniken für die neue Avantgardeküche längst nicht so bedeutend, wie sie wegen ihrer Bildgewaltigkeit insbesondere vom Fernsehen gerne gemacht werden.

Der nahezu unausweichlichen Aufmerksamkeit der Gäste gegenüber molekular inspirierter Küche geht aber immer eines voraus: ein Höchstmaß kreativer Intensität auf Seiten der Köche, gepaart mit einem tiefgreifenden Verständnis physikalischer und chemischer Aspekte des Kochens. So gewagt dürfte die These also nicht sein, zu behaupten, dass niemand klüger kreativ kocht als die New Daring Cooks.

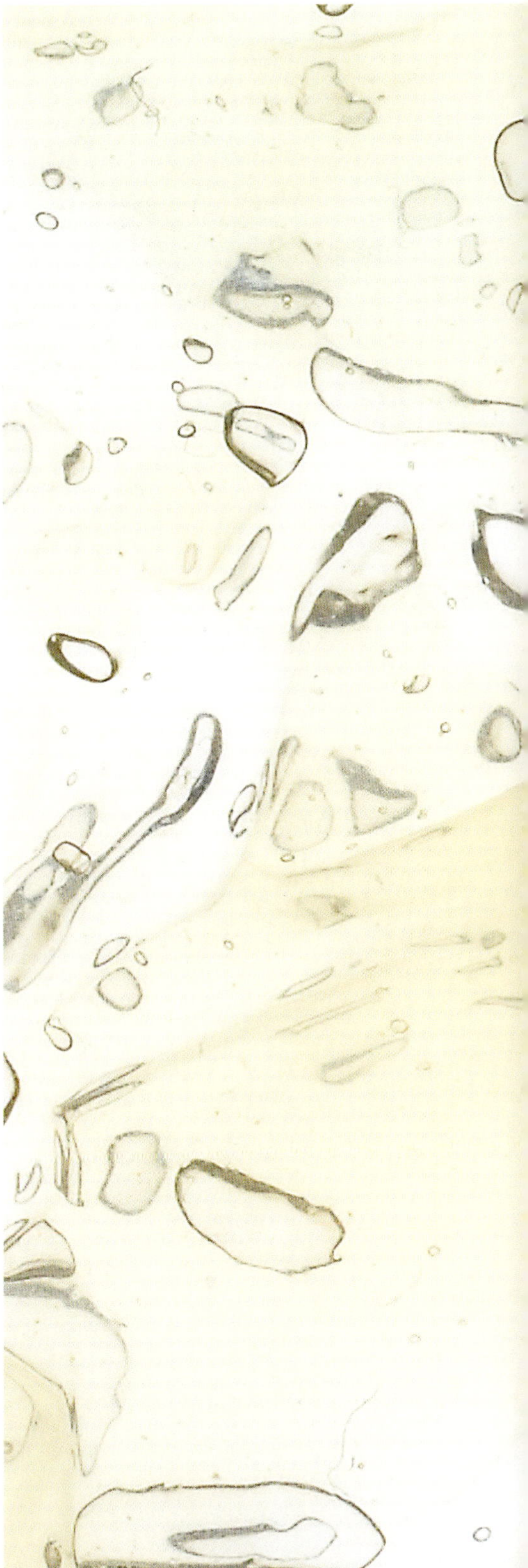

FORTSCHRITT DURCH KOMMUNIKATION

Nicht auf die Ansammlung ewiger Kochwahrheiten kommt es an, sondern auf Fortschritt durch kulinarische Revolutionen. Es liegt in der Natur der revolutionären Sache, dass auch kulinarische Umwälzungen in einer Atmosphäre heftigen Widerstreits zwischen Bewahrern und Erneuerern passieren. Vor allem die Bewahrer fahren schweres Geschütz auf und schrecken auch vor einer Diskreditierung von Molekularer Gastronomie und New Daring Cuisine nicht zurück. Mit Laborküche und chemischer Keule hat die neue Avantgardeküche jedenfalls so viel zu tun wie der Verzehr von Haribo Goldbären mit Verstößen gegen das Washingtoner Artenschutzabkommen.

Die Zukunft der Küche ist molekular. Und zwar deshalb, weil die Molekulare Gastronomie das bisher weitestgehend auf Handlungswissen beschränkte Kochen um eine wissenschaftlich forschende Komponente erweitert. Das bedeutet allerdings nicht, dass alles kluge Kochen die kreative Ausprägung der New Daring Cuisine haben muss. Mit Nutzung des Wissens aus der Molekularen Gastronomie und der Techniken aus der Lebensmittelindustrie wird es den klassischen, ja sogar den folkloristisch geprägten Küchen möglich sein, deutlich an Qualität zu gewinnen. Kochwissen geheimnisumwoben per Flüsterpost an nachfolgende Generationen weiterzugeben und Rezepten den Status von Staatsgeheimnissen zu verleihen, wird die Haute cuisine jedenfalls nicht besser machen, sondern sie gegenüber der Industrie weiter ins Hintertreffen bringen. Kochwissenschaft und Avantgardeköche pflegen inzwischen eine Art Open Source Community. Und daraus erwächst sozusagen ein kulinarisches Betriebssystem, eine modular aufgebaute neue Anwendung des Kochens, für alle nutzbar und den eigenen Anforderungen gerecht werdend. Die an den Erkenntnisprozessen der Molekularküche beteiligten Köche und Wissenschaftler respektieren sich nicht nur, sie arbeiten und entwickeln zusammen. Und das zunehmend auf internationaler Ebene. Alles andere wäre so sinnvoll wie ein nationales Einmaleins. Sie sind über das Internet verbunden, tauschen ihr Wissen tagtäglich über Newsgroups aus oder legen es in Buchform offen. Ein alt bekanntes Motto muss endlich umgeschrieben werden. Heute muss es heißen: Viele Köche dekonstruieren den Brei. Die vielen tausend weltweit an der Entwicklung des offenen Computerstandards Linux beteiligten Programmierer beschreiben ihre Arbeit übrigens als „gemeinsam einen Kernel backen". Es wird Zeit, einen neuen Kernel des Kochens zu backen.

Die Londoner Wochenzeitung *The Observer* veröffentlichte im Dezember 2006 ein vier Punkte umfassendes *Statement on the new cookery*, erarbeitet von Ferran Adrià, Heston Blumenthal, Thomas Keller und Harold McGee. Aufgrund der vielen Missverständnisse gegenüber ihrer Art zu kochen und zu forschen sahen sie die Notwendigkeit, Aufklärungsarbeit zu leisten:

1. Drei Prinzipien leiten unsere Küche: Offenheit, Integrität und herausragende Leistung.
2. Unsere Küche schätzt Tradition, sie ist darauf gebaut. Und auf Basis dieser Tradition Fortschritte zu machen, ist Teil der Entwicklungsvorgänge in unserem Handwerk.

NICHT AUF DIE ANSAMMLUNG EWIGER KOCHWAHRHEITEN KOMMT ES AN, SONDERN AUF FORTSCHRITT DURCH KULINARISCHE REVOLUTIONEN.

3. Wir nehmen Innovation in Form neuer Zutaten, Techniken, Geräte, Informationen und Ideen auf, wenn sie unsere Küche wirklich weiterbringen.
4. Wir glauben, dass Kochen den Menschen in tiefgründiger Weise berühren kann, und dass der Geist von Zusammenarbeit und Austausch wichtig ist, um Fortschritte in der Entwicklung dieses Potenzials zu verwirklichen.

Natürlich besteht auch weiterhin Aufklärungsbedarf. Gleichwohl hat eine freudige Aufbruchstimmung die Haute cuisine weltweit erfasst. Und inzwischen ist diese Aufbruchstimmung auch in Deutschland angekommen. Nicht zuletzt in den vielen Seminaren, in denen molekular inspirierte Techniken vermittelt werden, wird deutlich, dass auch gestandene Kochprofis von Wissensdurst und Neugierde beseelt sind, das sie verstärkt den Austausch mit Kollegen suchen und mit Witz, Verwegenheit und neuem Elan ihren Küchenalltag in Angriff nehmen. Was könnte man über die Zukunft der Haute cuisine in Deutschland Hoffnungsvolleres sagen?

TEXTURGEBER

MAGISCHE PULVER EROBERN DIE KÜCHE

Moleküle können ziemlich starrsinnig sein. Sie lassen sich nicht mit jedem verkuppeln oder – für den Fall, dass sie bereits verkuppelt sind – nicht immer leicht auseinander bringen. Für das Kochen besonders wichtig sind die Beziehungen zwischen Molekülen, die in Lebensmitteln vorkommen und Wasser, das auch ein Molekül und ebenfalls in Lebensmitteln zu finden ist.

Am Wasser scheiden sich die molekularen Geister. Manche Moleküle mögen das Wasser, andere finden es abstoßend. Wie von Geisterhand bewegt, so scheint es, können Moleküle Flüssigkeiten gelieren lassen oder in ihnen unvereinbare Gegensätze erzeugen. Diese von der Wissenschaft als hydrophil und hydrophob umschriebenen Verhaltensweisen spielen für eine erfolgreiche Zubereitung vieler Gerichte eine entscheidende Rolle.

Seit Jahrhunderten bedient sich die Kochzunft Hilfsmitteln, die das Verhalten von Molekülen in Flüssigkeiten beeinflussen. Bereits vor über 3000 Jahren begannen die Ägypter damit, aus dem Kollagen von Tierhäuten gewonnene, gelatineähnliche Massen herzustellen, die sie als Leim benutzten, um zum Beispiel Holzrahmen zu kleben. Darüber hinaus wurden sie damals schon zur Produktion von Fisch-, Fleisch- und Fruchtzubereitungen verwendet. 1682 hatte der französische Physiker und Mathematiker Denis Papin, dessen Erfindungsgabe unter anderem auch den Dampfkochtopf hervorbrachte, versucht, durch das Kochen von Knochen eine gallertige Masse zu gewinnen, was ihm auch gelang. Er schaffte die Grundlage zur industriellen Herstellung von Gelatine.

Etwa zur gleichen Zeit begann in Asien die umfangreiche Nutzung von Agar als Gelierhilfe in Lebensmitteln. Dass Agar gegen Ende des 19. Jahrhunderts auch in Mitteleuropa Verbreitung fand, ist nicht zuletzt Angelina Fannie Hesse zu verdanken. Die Frau des Mikrobiologen Walter Hesse, der wiederum enger Mitarbeiter des späteren Nobelpreisträgers Robert Koch in Berlin gewesen war, startete 1882 in ihrem privaten Kochalltag mit Versuchen, Gelatine durch Agar zu ersetzen, und erzielte damit vor allem bei der Herstellung von Fruchtgelees überzeugende Ergebnisse. Den Tipp soll sie angeblich von einer aus Indonesien emigrierten Nachbarin erhalten haben. Walter Hesse suchte zu jener Zeit nach einem Gelatineersatz, weil viele seiner Experimente an der Wärmeempfindlichkeit der eingesetzten Gelatine scheiterten. Bei einem Sommerpicknick sei er dann – erstaunt über die Hitzebeständigkeit der Puddings und Gelees, die seine Frau zubereitet hatte – auf die besonderen Fähigkeiten von Agar aufmerksam geworden.

Die Beispiele Gelatine und Agar zeigen, dass die Menschen ihre Esskultur vor allem dadurch entwickeln, dass sie immer wieder nach Wegen suchen, neue,

NUR WER BEREIT IST, MEHR ZEIT FÜR QUALITÄTSPRÜFUNG, PRODUKTAUSWAHL UND ZUBEREITUNG SOWIE GELD FÜR DEN EINKAUF ZU INVESTIEREN, WIRD SOWOHL GENUSSVOLLES WIE AUCH GESUNDES UND AUSGEWOGENES ESSEN AUF DEN TISCH BRINGEN KÖNNEN.

andersartige Speisen kreieren zu können. Wenn es beim Essen nur um Ernährung ginge, wäre diese Suche überflüssig. Aber Ernährung und Genuss sind sozusagen die zwei Seiten eines einseitig gebratenen Kalbsmedaillons. Die eine Seite von verführerisch duftenden Röstaromen und knuspriger Textur geprägt, die andere von einer reizlosen, schlicht durchgegarten Fleischoberfläche.

Heute dominieren in der wissenschaftlichen Auseinandersetzung mit Essen Ernährungsfragen. Die Frage *Was nährt mich und warum?* lässt zu wenig Raum für *Was schmeckt mir und warum?*. Dabei haben über Jahrtausende hauptsächlich Genussaspekte und Fragen der Haltbarkeit von Essen zur Entwicklung der Esskultur beigetragen. Nahrhaftigkeit spielte damals schon deshalb eine untergeordnete Rolle, weil sie für den Einzelnen im Wesentlichen nur eine in Bezug auf Sättigungsgefühl wahrnehmbare Größe war. Labore und Institute, die ihre Forschungsergebnisse über die Medien zu den Menschen bringen, um ihnen zu vermitteln, was gesund und nahrhaft ist, gab es noch nicht. Wie der Konsument die Ergebnisse interpretiert und sein Essverhalten daraufhin einstellt, wenn er sie denn überhaupt zur Kenntnis nimmt, soll an dieser Stelle ebenso außen vor bleiben wie die Qualität der Forschungsergebnisse.

Mit der Industrialisierung und der Veränderung des Arbeitsalltags wandelte sich auch das Essverhalten. Immer weniger Menschen wohnten auf Bauernhöfen, wo sie über den Anbau von Obst, Gemüse und Getreide sowie der Nutz- und Schlachttieraufzucht noch nahezu alle Schritte auf dem Weg zu einem fertig zubereiteten Essen selbst steuern konnten – ja mussten. Längst bietet die große Lebensmittelindustrie aber Convenienceprodukte an, die über Brühwürfelsuppe hinausgehen und dem Konsumenten sogar für ein aus Fleisch, Gemüse und so genannter Sättigungsbeilage bestehendes Essen nur noch zwei Arbeitsschritte zumuten: Einkaufen und Aufwärmen. Dafür braucht er nicht mal eine Küche.

Wer bewusst mit Essen umgeht, ist ein Kontrollfreak. Und das ist gut so. Nur wer bereit ist, mehr Zeit für Qualitätsprüfung, Produktauswahl und Zubereitung sowie Geld für den Einkauf zu investieren, wird sowohl genussvolles wie auch gesundes und ausgewogenes Essen auf den Tisch bringen können. In der Debatte um die Künstlichkeit und Industrialisierung von Essen passiert in diesem Zusammenhang aber nun Merkwürdiges, ja sogar Unlauteres. Am Pranger stehen Köche, die penible Produktauswahl betreiben, nur qualitativ beste Zutaten verwenden, aufwändigst zubereiten, aber zugleich moderne, in der Industrie genutzte Methoden, Geräte und Zusatzstoffe nutzen, um auf diese Weise neue, andersartige Gerichte zu kreieren. Die Neue Avantgarde der Köche macht ihre Hausaufgaben in Sachen Produktauswahl und -qualität schon deshalb besonders gewissenhaft, weil sie Zusammenhänge erkennt und wissen will, warum bereits in Nuancen unterschiedliche Grundprodukte deutlich veränderte Reaktionen in Kochprozessen hervorrufen. Und weil sie mehr experimentiert als andere. Das tut sie mit einer besonderen, an Spielvergnügen erinnernden Lust auf neuartige, bisweilen sogar grenzgängige Kreationen. Dafür setzt sie oft und gerne Texturgeber ein. Traditionalisten aber kritisieren die Nutzung von Texturgebern.

Weil die eingesetzten Stoffe künstlich seien oder gefährlich oder gar das Essen zum Spielobjekt degradieren, was Gott verhüten möge. Denn mit Essen spielt man nicht, sagen sie. Für den Kampf gegen die Avantgardeküche opfern einige Traditionalisten offenbar sogar das Essvergnügen. Die Angst muss also groß sein.

Aber wovor nur? Im Zentrum der Kritik an der Verwendung von Texturgebern steht nach wie vor die Laborkomponente, weshalb die Ableitung der Ablehnung in den Hinterköpfen der Kritiker in der Regel instinktiv ablaufen dürfte: Texturgeber bestehen aus weißlichem Pulver. Pulver ist Chemie. Und Chemie hat im Essen nichts zu suchen, zumal, wenn daraus absonderliche Dinge wie Sphären, Schäume und Gele entstehen. Abgesehen davon, dass Kochen immer mit Chemie zu tun hat, verstärkt der Umstand, dass viele Texturgeber im E-Nummern-Verzeichnis gelistet sind, das große Unbehagen. Wer denkt bei E-Nummern nicht gleich an E 605, das so genannte Schwiegermuttergift, mit dem in zahlreichen Romanen nicht nur Schwiegermütter gemeuchelt wurden? Aber in diesem Fall steht das E für Entwicklungsnummer und nicht für Europa. Es handelt sich nicht um einen Lebensmittelzusatzstoff, sondern um ein Pflanzenschutzmittel.

Das europäische Verzeichnis für Lebensmittelzusatzstoffe ist eine so genannte Positivliste. Sie führt deklarationspflichtige Stoffe auf, die weder zum solitären Verzehr geeignet noch charakteristische Zutat sind, aber zur Verbesserung von Aussehen und Geschmack sowie zur Verhinderung von Verderb beitragen, außerdem den Verbraucher nicht täuschen und gesundheitlich unbedenklich sind. Wer sie verwendet, muss sie deklarieren. Tatsächlich sind die von der Kochavantgarde eingesetzten Texturgeber mindestens so unbedenklich wie Mehl aus Roggen oder Weizen. Viele der Stoffe weisen sogar gesundheitsfördernde Wirkung auf. Xanthan (E 415) zum Beispiel gilt als Ballaststoff und ist als ökologisches Nahrungsmittel zugelassen. Johannisbrotkernmehl (E 410) wirkt cholesterinsenkend. Sojalecithin (E 322) ist ein Oxidationshemmer.

In der Molekularen Gastronomie werden Lebensmittelzusatzstoffe oft als charakteristische Zutaten eingesetzt, denn sie dienen nicht nur der Verbesserung von Geschmack und Aussehen. Weshalb man über die Deklarationspflicht einiger in bestimmten Rezepturen verwendeten Texturgeber sogar streiten könnte. Ohne Algin und ein Bad aus Calciumlaktat oder Calciumchlorid wären zum Beispiel sphärische Kapseln wie Ferran Adriàs Melonenkaviar nicht herstellbar. Ferran hatte im Jahre 2002 einen Weg gefunden, sphärische Kapseln mit einem flüssigen Kern und einer nahtlosen festen Hülle herzustellen, die 2003 Eingang in seine Degustationsmenüs fanden. Wie wegweisend und elegant seine Lösung ist, zeigt schon der Vergleich mit einem von der Firma Symrise im Jahre 2002 eingereichten Patent. Symrise zählt zu den weltweit bedeutendsten Unternehmen der Aromaindustrie. Unter der Patentnummer EP1426045 wurde eine Erfindung zertifiziert, „die sphärische Kapseln mit einem flüssigen Kern und einer diesen Kern umgebenden nahtlosen, festen Hülle" beschreibt; der „Kern umfasst dabei einen Aromaanteil und die Hülle Gelatine". Als so genannte Weichmacher können Sorbitol, Glycerin, Propylenglykol, Lactitol, hydrierte Stärkehydrolysate und Trehalose eingesetzt werden sowie als Süßstoffe Sucralose, Aspartam, Acesulfam K, Na-Saccharin, Thaumatin, Neohesperidin oder Mischungen hieraus. Außerdem können wasserlösliche Lebensmittelfarbstoffe enthalten sein. Zugaben von Hydrokolloiden zur Gelatine beeinflussen die Löslichkeit und damit die Aufnahme von Wasser sowie die Temperaturstabilität der gebildeten Gele. Während die Industrie also ein ganzes Arsenal von Zusatzstoffen auffährt, benötigt Ferran für seinen inzwischen legendären Melon cantaloupe caviar lediglich zwei Gramm Algenextrakt (Natriumalginat 0,8 %) und 250 Gramm Saft aus besten italienischen Cantaloupe-Melonen sowie ein Bad aus 500 Milliliter Wasser und 2,5 Gramm Calciumchlorid (0,5 %), in die er die Fruchtmischung hineintropfen und – zwecks Ausbildung einer Hülle – kurz gelieren lässt. Keine Aromastoffe, keine Weichmacher, keine Süßstoffe. So elementar sind also die Unterschiede zwischen industrieller und küchentechnischer Nutzung von Texturgebern.

Die meisten Texturgeber sind so genannte Hydrokolloide, was grob übersetzt Wasserleim bedeutet. Sie sind hydrophil, lieben also das Wasser, mit dem sie als feine Tröpfchen oder Teilchen in Lösung gehen. Hydrokolloide umfassen Polysaccharide wie Landpflanzen und Algen sowie tierische Proteine. Grundregel für eine optimale Verarbeitung der meisten Texturgeber ist, dass sie zunächst kalt eingerührt und verteilt, dann im Wasser oder der Grundmasse erhitzt werden. Eine wichtige Ausnahme bildet Xanthan, das auch unerhitzt verarbeitet werden kann. Die allermeisten anderen Texturgeber entfalten erst bei Abkühlung nach Erhitzung ihre volle Wirkung. Außer den Hydrokolloiden werden auch Lipide sowie Salze und Enzyme als Texturgeber eingesetzt. Wichtige Unterscheidungsmerkmale bei Texturgebern sind neben Herkunft und chemischem Aufbau folgende:

- Löslichkeit bei niedrigen Temperaturen
- Einfluss von Hitze auf die Viskosität in Wasser
- Verdickungseffekte
- Gelbildungsvermögen
- Gelstärke und -stabilität
- Filmbildung
- Emulsionsstabilisierung
- ph-Stabilität
- Scherstabilität
- Synergieeffekte mit anderen Texturgebern

In der Kochpraxis sollten diese Aspekte immer im Hinterkopf sein, wenn Rezepte nachgekocht, modifiziert oder neu kreiert werden. Nur mit dem Wissen um die Fähigkeiten jedes einzelnen Texturgebers sind die Anwendungen mit dem gewünschten Erfolg umzusetzen. Aus diesem Grund haben wir der Darstellung der einzelnen Produkte entsprechend Raum gegeben (s. Seite 202 ff) .

Die wesentlichen Einsatzbereiche von Texturgebern umfassen die Sferification, die Gelification und die Herstellung von Schäumen und Emulsionen. Darüber hinaus finden Texturgeber bei der Produktion von Krusten und Lollies Verwendung.

Für den Kampf gegen die Avantgardeküche opfern einige Traditionalisten offenbar sogar das Essvergnügen.

DIE SFERIFICATION

Vom griechischen Wort *sphaira* abgeleitet bedeutet Sphäre *Hülle* oder *Ball*. Gleichwohl beinhaltete der Begriff schon immer eine astrophysische und weltanschauliche Komponente. Der griechische Philosoph und Mathematiker Pythagoras interpretierte vor 2.500 Jahren unsere Welt als ein Himmelsgewölbe aus durchsichtigen, sich drehenden Kugelschalen, an denen Sterne befestigt sind. Diese Bewegungen, so glaubte er, erzeugten Planetentöne, woraus wiederum Sphärenmusik entstünde.

Das Weltbild des Pythagoras ist längst überholt, gleichwohl erzeugt das Wort Sphäre auch heute noch von Mystik geprägte Assoziationen. Was ist hinter der Hülle im Innern der Kugel verborgen? In der Welt des molekular inspirierten Kochens beschreibt die Sferification die Herstellung von Kugeln, deren feste Hülle einen flüssigen Inhalt umschließt, der beim Biss auf die Kugel freigesetzt wird und über die Zunge sowie über die olfaktorische Sensorik des Menschen wie eine Geschmacksexplosion wahrgenommen wird. Damit die Herstellung solcher Sphären gelingt, müssen nicht nur die aromaprägenden Zutaten in der Qualität erstklassig, sondern auch das Verhältnis von Hüllendicke und flüssigem Inhalt stimmig sein. Hier beginnt der handwerklich anspruchsvolle Teil der Zubereitung.

Die Sferification ist im Grunde eine spezielle Variante der Gelification, da ebenfalls Gele erzeugt werden. Nur haben diese Gele die besondere Aufgabe, als Hüllen zu fungieren. Bei der Sferification reagieren unterschiedlich elektrisch geladene Teilchen in den Molekülen der elementaren Zutaten Algin (Sammelbegriff für die Alginsäure, ihre Salze und Derivate) und Calcium miteinander und bilden eine Gelstruktur aus. Wer in die spannenden wissenschaftlichen Tiefen der Gelbildungsprozesse eintauchen will, dem sei unbedingt die weiterführende Literatur der geschätzten Kollegen Hervé This, Harold McGee, Peter Barham und Thomas Vilgis empfohlen. Neue Verarbeitungsmöglichkeiten von Hydrokolloiden wie Algin haben kürzlich die beiden israelischen Biochemiker Zvitov-Marabi und Amos Nussinovitch entdeckt und Anfang 2008 in einer aufsehenerregenden wissenschaftlichen Arbeit vorgestellt. Sie behandelt die Herstellung elektrifizierter und anschließend bei –50 °Celsius gefriergetrockneter Gele, die eine noch elastischere Textur aufweisen sollen als die, in den bisher bekannten Verfahren hergestellten Variationen. Bevor aber tatsächlich eine Art Elektroschocker als neues Küchengerät zum Einsatz kommt, dürfte noch einige Zeit vergehen. Bis dahin wird die derzeit übliche Technik auf die eine oder andere Weise weiter optimiert werden.

Für das perfekte Gelingen von klassischen Sphären wie Fruchtkaviar – der so heißt, weil er dem echten Kaviar äußerlich zum Verwechseln ähnelt – braucht es etwas Übung und Erfahrung. Zur Herstellung wird eine flüssige Grundmasse mit Natriumalginat versetzt und in ein stark calciumhaltiges Bad getropft. In Sekundenschnelle findet eine Vernetzung der Moleküle statt, die immer weiter fortschreitet, je länger die Tropfen im Bad verweilen. Dieser Vorgang wird auch als

IN DER WELT DES MOLEKULAR INSPIRIERTEN KOCHENS BESCHREIBT DIE SFERIFICATION DIE HERSTELLUNG VON KUGELN, DEREN FESTE HÜLLE EINEN FLÜSSIGEN INHALT UMSCHLIESST, DER BEIM BISS AUF DIE KUGEL FREIGESETZT WIRD UND ÜBER DIE ZUNGE SOWIE ÜBER DIE OLFAKTORISCHE SENSORIK DES MENSCHEN WIE EINE GESCHMACKSEXPLOSION WAHRGENOMMEN WIRD.

Kochen bezeichnet, wobei das nicht im traditionellen Sinne zu verstehen ist, denn die Calciumlösung hat Raumtemperatur, wenn sie die Tropfen aufnimmt. Irgendwann sind die Tropfen vollends durchgeliert und statt Sphären können nur noch Gummikugeln abgefischt werden. Also sollten die Tropfen rechtzeitig herausgenommen werden. Es ist allerdings auch möglich, gelierte Kugeln zu erhitzen und sogar zu braten. Der Gelierungsgrad der Kugeln hängt aber nicht nur von der Verweildauer im Bad und der Größe der Tropfen, sondern auch vom Algintyp, der richtigen Dosierung und der Calciumlösung ab. Es ist also dringend ratsam, vor dem erstmaligen Einsatz eines Texturgebers die Applikationshinweise des Herstellers zu beachten. Außerdem sollten die aus dem Bad entnommenen Kaviarperlen unverzüglich und vorsichtig mit klarem Wasser abgespült werden, weil ansonsten die restlichen, noch vorhandene Calcium-Ionen weiter ins Innere der Kugel eindringen und ein fortschreitendes Gelieren bewirken können. Aus diesem Grund ist es auch ratsam, Kaviarperlen à la minute zuzubereiten. Als Mise en place aufbewahrt, könnten eventuell noch vorhandene Calciumreste zum Durchgelieren führen.

Für die Kaviarherstellung bevorzugen einige Köche Calciumchlorid, weil es ihrer Meinung nach festere Gelstrukturen ausbildet als Calciumlaktat, das Salz der Milchsäure. Wir haben die Erfahrung gemacht, dass Calciumlaktat nicht nur ähnlich gute Ergebnisse bringt wie Calciumchlorid, sondern vor allem auch einen deutlich geringeren Eigengeschmack aufweist, weshalb wir Calciumlaktat bevorzugen. Das gilt auch für Applikationen im Bereich der umgekehrten Sferification, auf die wir ein paar Absätze weiter noch ausführlicher eingehen.

Bei der Zubereitung sphärischer Ravioli spielen die Eigenschaften des Alginats eine große Rolle und zwar vor allem in Bezug auf das Molekulargewicht. Denn wie die klassischen Ravioli sollen auch die sphärischen die richtige Bissfestigkeit aufweisen. Vereinfacht gesagt – und weitere Faktoren wie die Beschaffenheit des Gegenspielers, zum Beispiel Calciumlaktat mal außen vor gelassen – steigt mit dem Molekulargewicht der gelierende Wirkungsgrad des Alginats und so die Festigkeit der damit erzeugten Sphären. Angaben dazu finden potenzielle Anwender aber zumeist erst auf der Verpackung, Händler führen diese Information in ihren Angebotslisten oft nicht auf. Eine 0,8%ige Lösung Natriumalginat mit hohem Molekulargewicht entfaltet also eine andere Wirkung als eine prozentual vergleichbare Lösung mit niedrigem Molekulargewicht. Diese Informationen gewinnen vor allem dann an Bedeutung, wenn Rezepturen nicht wie erhofft funktionieren.

Wie bei der Auswahl aller anderen zum Verzehr verwendeten natürlichen Grundprodukte kommt es auch bei den Texturgebern darauf an, qualitativ hochwertige Erzeugnisse zu finden und sie mit Sinn und Verstand einzusetzen. Algin ist nicht gleich Algin. Agar nicht gleich Agar. Deshalb geben wir in unseren Rezepten immer das tatsächlich eingesetzte Markenprodukt an, zumal einige davon noch mit Maltodextrin verschnitten sind, was in vielerlei Hinsicht sehr sinnvoll sein kann, weil Maltodextrin auch die Bindung flüchtiger Aromen unterstützt, aber es reagiert

eben anders als reines Alginat. Doch selbst wenn Qualität und Dosierung hydrokolloider Texturgeber stimmen, kann ein Kochprozess misslingen, weil die Wasserkomponente nicht bedacht wurde. Sie ist, wie die Bezeichnung Hydrokolloide nahe legt, nicht zu unterschätzen. Mit Leitungswasser ist es nämlich wie mit Mineralwasser: Zusammensetzung und Qualität können sehr unterschiedlich sein. Wenn ich ein Trinkwasser mit hohem Calciumgehalt habe, muss ich das bei der Herstellung eines Calciumbades berücksichtigen. Auch die Anteile von Kalium und Magnesium können sich auswirken. Es ist also von Nutzen, bei den örtlichen Wasserwerken die Analysewerte des Trinkwassers zu ordern. Wer experimentierfreudig ist und es genau wissen will, besorgt sich am besten ein paar stille Mineralwasser unterschiedlicher Marken, nimmt noch Trinkwasser aus der Leitung hinzu und vergleicht die Ergebnisse bei gleicher Dosierung und gleichem Kochvorgang miteinander.

Sobald bei einer Zubereitung Alginat in eine Grundmasse eingearbeitet werden muss, ist es angeraten, zunächst eine Stammlösung herzustellen, also ein Gemisch aus Wasser und Alginat, welche anschließend in die Grundmasse eingearbeitet wird. Der Stammlösung sollte, nachdem sie angerührt wurde, einige Stunden Ruhezeit gegönnt werden, damit die durch das Einrühren des Alginats in der Lösung entstandenen kleinen Blasen vollständig entweichen können. Das Reaktionsvermögen wird auf diese Weise deutlich verbessert. Es gilt auch zu beachten, dass Fruchtfasern die Ausbildung der Sphären verhindern können, deshalb sollte die Basis penibel durchpassiert werden. Und immer nur so viel Alginat zugegeben werden wie zur Bindung notwendig ist, weil sonst eine Übersättigung der Lösung eintreten kann, was zum Verbleib von Pulverrückständen führt. Die Zugabe von Xanthan sorgt darüber hinaus dafür, dass die Kugeln runder werden.

Bleibt noch der Hinweis auf die Säureempfindlichkeit von Alginat. Bei Zubereitungen, die einen ph-Wert unterhalb von 4,5 aufweisen, kann es Probleme bei der Gelbildung geben. Wer die Erfahrungen aus dem schulischen Chemieunterricht noch nicht völlig aus seinem Gedächtnis verbannt hat, wird sich vielleicht daran erinnern, dass der Neutralitätswert bei sieben liegt und Werte darüber basische, Werte unter sieben saure Wirkung haben. Die Anschaffung eines ph-Messgeräts ist für Köche, die mit Texturgebern arbeiten, auf jeden Fall empfehlenswert, zumal nicht nur Alginat säureempfindlich reagiert. Fortgeschrittene Anwender experimentieren gelegentlich mit säurereduzierenden Stoffen, deren Handhabung aber wegen unerwünschter Nebeneffekte – die auch Einfluss auf den Geschmack haben können – schwierig ist.

Die Umgekehrte Sferification beschreibt die Umkehrung des Kochprozesses der Sferification, nicht die Herstellung einer umgekehrten Sphäre. Der Herausforderung, eine umgekehrte Sphäre, also eine Art Schwarzes Loch zu kochen, wird sich vermutlich in den nächsten paartausend Jahren kein Küchenchef stellen. Er brennt höchstens mal aus Versehen ein paar schwarze Löcher ins Essen oder in die Kochjacke.

Bei der Umgekehrten Sferification werden in der Regel calciumhaltige Grundmassen in Alginatlösungen gekocht. In diesem Fall kommt es darauf an, genügend Calcium-Ionen in der Grundmasse zu haben. Das setzt eine intensivere Auseinandersetzung mit der Qualität des eingesetzten Grundprodukts voraus. Wer zum Beispiel Milchprodukte wie Käse für die Umgekehrte Sferification nutzen will, sollte im Hinterkopf haben, dass zum Beispiel nicht jeder Mozzarella, Feta oder Parmesan den gleichen Calciumanteil enthält. Die auf dem spanischen Markt angebotenen Produkte weisen – wie im Falle des Mozzarella – oft einen höheren Calciumanteil auf als die in Deutschland erhältlichen, weshalb manche Rezepturen aus spanischen Kochbüchern hierzulande nicht problemlos eins zu eins übernommen werden sollten. Im Einzelfall sollte ausprobiert werden, ob das natürlich vorhandene Calcium reicht oder noch weiteres, zum Beispiel in Form von Calciumlaktat, beigemengt werden muss. Umgekehrte Sferificationen ohne natürliches Calcium in der Grundmasse werden unter Zugabe von Calciumlaktat oder Calciumchlorid sowie weiterer Texturgeber wie beispielsweise Xanthan hergestellt. Wichtig ist: Alginatlösungen reagieren erst nach Abkühlen (es reicht Zimmertemperatur) mit den Calcium-Ionen, und wie schon an anderer Stelle beschrieben, erhöhen einige Stunden Ruhezeit das Reaktionsvermögen der Lösung. Sphären sind bis 60 °Celsius hitzestabil und können deshalb, wie im Fall der Ravioli, problemlos auch als Suppenbeilage verwendet werden.

DIE GELIFICATION

Sprachlich gesehen stammt der Begriff Gel vom lateinischen Begriff *gelatus*, was *gefroren* oder *erstarrt* bedeutet. Im Verständnis der kulinarischen Welt von heute gilt Eis nicht als Gel, obwohl wir in jeder italienischen Eisdiele an den Zusammenhang erinnert werden, die in Deutschland ohnehin oft nicht mehr Eisdiele oder Eiscafé heißt, sondern Gelateria.

Bei der industriellen Produktion von Eis oder der Nutzung instantisierter Mischungen zur Herstellung von Speiseeis in Gelaterien spielen gelbildende Texturgeber tatsächlich eine wichtige Rolle. Ein Umstand, den der Konsument meist gar nicht kennt. Die Mittel wirken der Ausbildung größerer Eiskristalle entgegen, erhöhen die Gefrier-Tau-Stabilität, verbessern die Mikroschaumstruktur und das Mundgefühl. Ein gutes Dutzend Texturizer werden industriell entsprechend eingesetzt und können auch in der Gastronomieküche gut genutzt werden, wie zum Beispiel Agar, Carageenan, Johannisbrotkernmehl, Guaran, Pektin und Gummi Arabicum.

Von weitaus größerem Nutzen als beim eisigen Einsatz sind Texturgeber aber bei der Herstellung von Gelees. Im professionellen wie privaten Küchenalltag europäischer Gastronomiebetriebe und Haushalte galt jahrzehntelang die Gelatine als das wichtigste Geliermittel. Und sie ist auch heute noch von großer Bedeutung. Gleichwohl gibt es Alternativen, die mehr Vorteile bringen, weil sie flexibler einsetzbar sind und weil sie die Herstellung von Gerichten ermöglichen, die mit Gelatine nicht machbar wären.

Ein großer Nachteil der Gelatine ist, dass mit ihrer Hilfe erzeugte Gele bei höheren Temperaturen an Festigkeit verlieren. Über einer Temperatur von 30 °Celsius beginnen sie zu schmelzen. Eine heiße, gelierte Fondauflage, wie sie zum Beispiel Emile Jung in Straßburg für sein Kassler kreiert hat, wäre mit Gelatine nicht hinzubekommen. Das Beispiel Emile Jung zeigt auch noch etwas anderes, nämlich dass Texturgeber auch in klassischen Küchen wie der elsässischen sinnvoll und kreativ eingesetzt werden können.

Neuerdings wird auch eine so genannte Vegetarische Gelatine vermarktet, was verkaufstechnisch durchaus eine geschickte Maßnahme ist, da Gelatine wegen der BSE-Problematik und einer nicht zweifelsfrei ausgeschlossenen Übertragungsmöglichkeit der Erreger auf den Menschen in Verruf geraten war. Das Produkt aus dem Portfolio von Sosa besteht im Wesentlichen aus einer Mischung aus Kappa-Carrageen und Johannisbrotkernmehl. Sie ermöglicht die Herstellung sehr elastischer, transparenter aber säureempfindlicher Gele, die hitzereversibel sind. Man kann diese Mischung natürlich auch aus den beiden Hauptzutaten selbst herstellen. Nach ein paar Tests in Bezug auf das Mischungsverhältnis wird man durchaus ähnliche Ergebnisse erzielen können.

Die Herstellung von Gelees kann sehr unterschiedlichen Zwecken dienen. Entsprechend vorteilhaft für den Anwender ist es, dass Firmen wie Biozoon, Texturas und Sosa in den letzten Jahren ihr Portfolio an Texturgebern stark ausgebaut haben. Hitzestabilität, Thermoreversibilität, Aushärtungsgrad sowie Toleranz gegenüber Säuren, Salzen und Zuckern zählen zu den wichtigsten Aspekten in den Anforderungsprofilen der Texturgeber. Aber kein Texturgeber kann alles. Das aus Rotalgen gewonnene Carrageenan zum Beispiel, das in sechs Typen vorkommt – von denen kappa, Iota und lambda die wichtigsten sind – gilt als säure- und salzempfindlich, wobei lambda der am stärksten verdickende Carrageenantyp ist. Kappa dagegen erzeugt in Gegenwart von Kalium- und Calcium-Ionen die stärksten, Iota die weichsten und elastischsten Gele, wobei diese keine Thermoreversibilität gewährleisten, eine Art eingebaute Hitzeautomatik, die ein Gel bei Hitze immer wieder verflüssigt und bei Abkühlung wieder verfestigt. Guarkernmehl (Guaran) zählt zu den säurestabilen Hydrokolloiden, die daraus gebildeten Gele sind jedoch fragil und durch Bewegung schnell zerstörbar. Es braucht einige Minuten, bis sich das zerstörte Gel wieder regeneriert hat. Dem Guaran ähnlich ist das Johannisbrotkernmehl, es ist allerdings nicht so fragil, dafür ist die viskose Wirkung geringer. Der im Verlauf des Buches aufgeführte Sonderteil über die einzelnen Texturgeber listet detailliert alle Einsatzmöglichkeiten der einzelnen Produkte auf.

Im Gegensatz zur Sferification ist bei der Gelification oft keine Zubereitung à la minute, sondern ein längerer Vorlauf nötig. Gelbildungsprozesse, an denen zum Beispiel Gellan Gum oder Cellulosederivate beteiligt sind, können sogar bis zu zwölf Stunden Zeit in Anspruch nehmen. Was die Kombinationsoptionen unterschiedlicher Texturgeber miteinander angeht, ist das Variationspotential so groß, dass wohl noch über Jahre neue Entdeckungen gemacht werden können.

Besondere Aufmerksamkeit beim Einsatz von Hydrokolloiden zur Herstellung von Gelees verdient nicht nur die richtige Auswahl des Texturgebers, sondern auch die Vorgehensweise bei der Verarbeitung. Sie sollten am besten immer erst bei Raumtemperatur in die Grundmasse eingerührt und dispergiert, also durchmischend verteilt, und erst dann erhitzt werden. Je nach Texturgeber können die nötigen Temperaturen zwischen 60° und 80 °Celsius liegen. Nur so entfalten sie ihre optimale Wirkungskraft, ansonsten ist es wahrscheinlich, dass sie sich wie Verdickungsmittel und nicht wie ein Gelbildner verhalten.

SCHÄUME, LUFT UND EMULSIONEN

Wer sich als Schöpfer der wohl faszinierendsten Gebilde der Kochkunst betätigen und Schäume herstellen will, muss nicht unbedingt detailliert etwas von den Prozessen verstehen, die sie erzeugen. Und doch kann es von Nutzen sein, vor allem, wenn Schäume besondere Fähigkeiten wie Stabilität bei Hitze oder Großporigkeit aufweisen sollen.

Lipide bezeichnen eine große Gruppe von in der Natur bedeutsamen Molekülen. Sie umfassen Fette und Öle sowie Fettsäuren und Wachse, aber auch Steroide und Terpene, den Hauptbestandteil der in Pflanzen produzierten ätherischen Öle. Bestimmte Lipide sind als Strukturkomponente von Zellwänden von Wichtigkeit, sie kommen also in allen Lebensmitteln vor, und auch bei der Herstellung von Schäumen spielen sie eine besondere Rolle, weil sie sehr reaktionsfreundlich sind. Zwar sind die meisten Lipide wasserunlöslich, also hydrophob und bedürfen eines Lösungsmittels, um sich in Wasser aufzulösen, aber es gibt auch so genannte grenzflächenaktive Lipide, die hydrophile Bausteine enthalten. Sie werden auch als *polare* oder *amphiphile* Moleküle bezeichnet. Sozusagen molekulare Amphibienfahrzeuge, die es mit Land und Wasser aufnehmen können. Die Fähigkeit von Lipiden, sich so zusammenzulagern, dass Zellwände entstehen, wird auch bei der Herstellung von Schäumen genutzt . Durch Aufschlagen per Schneebesen oder Stabmixer wird Luft in eine schaumfähige Grundmasse gepumpt und die Wände der entstandenen Blasen erhalten durch die Lipide Stabilität. In Seminaren wird gelegentlich danach gefragt, ob Schäume und Airs besser mit einem Scheiben- oder Messereinsatz im Stabmixer aufgeschlagen werden sollen. Im Grunde funktioniert es mit beiden Varianten ähnlich gut, entscheidend ist ja nur, dass Luft in die Sache kommt. Es klappt notfalls sogar mit einer Gabel.

Eine ähnliche Fähigkeit wie grenzflächenaktive Lipide bringen auch einige Proteine mit, die aus unterschiedlich gepolten Aminosäuren zusammengesetzt sind, von denen die einen vom Wasser angezogen werden, die anderen nicht. Auch sie können zu schaumbildendem Verhalten gebracht werden, wie an den Beispielen Milchschaum und Eischnee gut nachzuvollziehen ist. Da Milchschaum aber sehr fragil ist und lediglich eine Kurzzeitstabilität mitbringt und Eischnee zwar stabiler und haltbarer ist, aber deutliches Eigenaroma sowie besondere Feinporigkeit aufweist und noch dazu nicht jede Liason mit anderen Zutaten zulässt, sind schaumbildende Alternativen nötig.

Eine besondere Herausforderung stellt die Herstellung großporiger Schäume mit langer Standzeit dar. Ein Verschnitt aus Johannisbrotkernmehl und Xanthan, ein aus zuckerhaltigen Medien wie Maisstärke mittels Fermentation gewonnenes Hydrokolloid, ermöglicht es jedoch, Mousses so aufzuschlagen, dass haltbare großporige Schäume entstehen. Dazu trägt nicht zuletzt die Fähigkeit von Xanthan bei, Gaspartikel zu binden. Eine Fähigkeit, die auch bei der Herstellung von Champagnersuppen, in denen die Kohlensäure erhalten werden soll, zum Tragen kommt. Außerdem ist Xanthan säurestabil und eröffnet so Zubereitungen mit niedrigem ph-Wert das Tor zur Welt der Schäume, weil die Gerinnungsgefahr sinkt.

Als heikel gilt auch die Zubereitung heißer Schäume. Die Zellwände der Bläschen halten der auf sie einwirkenden Energie oft nicht stand, und die zuvor schönsten Gebilde fallen zusammen wie Kartenhäuser. Der Einsatz von Xanthan in Kombination mit Guarkernmehl wirkt dem entgegen, und es können auf diese Weise warme, würzige Schäume wie zum Beispiel die in diesem Buch beschriebene Currysabayon hergestellt werden. Auch Mayonnaise ohne Ei lässt sich mit dieser Assemblage von Texturgebern herstellen.

Wie bereits beschrieben, kann der Einsatz bestimmter Lipide wegen deren Grenzflächenaktivität bei der Herstellung und Stabilisierung von Schäumen oder so genannter Airs von großem Nutzen sein. Airs weisen in der Regel eine besonders geringe Schaumdichte auf, sie sollen ja ausgesprochen luftig wirken, und so kommt Lipiden bei der Zubereitung große Bedeutung zu. Obwohl theoretisch auch die Glyko- und Phospholipide aus anderen Rohstoffen wie Weizen in Frage kämen, finden in der Küche derzeit hauptsächlich solche aus Sojalecithin wie Sosas Soy Lecithin, Emulzoon (texture Pro) und Texturas Lecite Verwendung. Sojalecithin wird auch als ein Antioxidationsmittel eingesetzt und ist als Bioprodukt zugelassen. Es sollte am besten kalt in möglichst fettarme Zubereitungen eingearbeitet werden, um höchste Schaumigkeit zu gewährleisten.

Der Umstand, dass in wässrigen Lösungen vorhanden Fette aufgrund ihrer Hydrophobie wie Inseln herumschwimmen und so genannte Fettaugen bilden, macht es nötig, einen Emulgator einzusetzen. Auch hier sind die amphiphilen Lipide von Nutzen, weil sie in der Lage sind, sowohl Fette als auch Wasser zu binden. Besser noch als Sojalecithin sind dafür so genannte Glycolipiden geeignet, die Einfach- oder Mehrfachzucker enthalten und hohe Bindungsfähigkeit aufweisen. Lecite aus dem Portfolio von Texturas ist ein Produkt, das diese Fähigkeit mitbringt.

Die Verwendung von Texturgebern ist, egal für welche kulinarische Zubereitung, eine Angelegenheit, die beim Anwender Experimentierfreude voraussetzt und eine gewisse Frusttoleranz, denn nicht alles wird auf Anhieb gelingen. Aber sie stellen eine große Bereicherung für die anspruchsvolle Küche dar, unabhängig davon, ob diese Küche klassisch französisch, regional oder avantgardistisch ausgerichtet ist.

COCKTAIL

Die Kreationen aus der Wundertüte molekular inspirierter Cocktailrezepte schimmern und schäumen geheimnisvoll, schmecken aufregend und erzeugen geradezu elektrische Spannung. Absinth, Brandy, Gin und Wodka sorgen für die Umdrehungen.

ABSINTH SOUR FLUORESZIEREND

KONFIERTE LIMONEN Die Öle im Backofen bei 60 °C erwärmen. Kräuter und Ahornsirup zugeben. Von der Limone Zesten reißen, Limone filetieren. Limonenzesten und -filets in das Öl geben und bei 60 °C etwa 30 Minuten konfieren lassen. Beiseite stellen.

MANDELKRUSTE Den Fondant mit Glucose und Salz verkochen, bis die Masse bernsteinfarben ist. Mit Essig ablöschen und einkochen lassen. Fondantmasse zum Auskühlen auf eine Silpat-Matte gießen. Zur Weiterverarbeitung in kleine Stücke brechen und in einer Zuckermühle fein mahlen. Fondantpuder auf eine Silpat-Matte sieben, mit dem Mandelgrieß bestreuen und unter dem Salamander kurz zur Mandelkruste schmelzen lassen, dann sofort abkühlen. Trocken lagern und bei Bedarf in kleine Segmente von etwa 10 Zentimeter brechen.

COCKTAIL UND FERTIGSTELLUNG Zutaten für den Cocktail im Shaker gut schütteln, in ein Glas seihen und mit der Mandelkruste abdecken. Limonenfilets und Zesten abtropfen lassen, darauf platzieren und sofort servieren.

KONFIERTE LIMONEN

50 ML	OLIVENÖL VON LAKUDIA
1	SPRITZER LIMONENÖL VON AGRIVERDE
1	ZWEIG ROSMARIN
1	ZWEIG THYMIAN
1 EL	AHORNSIRUP
1	LIMONE

MANDELKRUSTE

120 G	FONDANT
80 G	GLUCOSE
3 G	SALZ
1 EL	WEISSWEINESSIG
50 G	GERÖSTETER MANDELGRIESS

COCKTAIL

20 ML	TABU ABSINTH, DRY
20 ML	APRICOT BRANDY
20 ML	ZITRONENSAFT
30 ML	SCHWEPPES BITTER ORANGE
2	PORTIONSLÖFFEL ILLUZOON

MARTINI IN SUSPENSION

OLIVENSTICKS Den Olivensaft mit dem Thymian auf 60 °C erwärmen, 30 Minuten ziehen lassen, dann Thymian wieder entfernen. Das Tonic Water mit dem Xanthazoon montieren und etwas stehen lassen. Den Olivensaft unter die Tonic-Water-Masse heben und in Portionsgefäßen mindestens 12 Stunden bei –20 °C einfrieren. Oliveneis aus dem Tiefkühlfach nehmen und auf Holzsticks aufspießen.

MARTINI Bitter Lemon mit dem Xanthazoon montieren und stehen lassen, bis alle Luftblasen aus der Masse entwichen sind. Mit dem Noilly Prat, Gin und Eis zu einem Cocktail mixen, in ein Glas seihen und die Olivenbrunoise kurz unterheben. Die Segmente sollen in der Schwebe sein.

FERTIGSTELLUNG Olivenwürfel auf Sticks platzieren und sofort servieren.

OLIVENSTICKS

100 ML	SAFT AUS GRÜNEN OIIVEN
1	KLEINER ZWEIG THYMIAN
100 ML	TONIC WATER
1	GESTRICHENER PORTIONSLÖFFEL XANTHAZOON

MARTINI

50 ML	BITTER LEMON
½	PORTIONSLÖFFEL XANTHAZOON
10 ML	NOILLY PRAT
50 ML	GIN BOMBAY SAPPHIRE
	EISWÜRFEL
10 G	OLIVENBRUNOISE 2 x 2 MM

COSMOPOLITAN, EINFACH DEKONSTRUIERT

Cointreau, Vodka, Sodawasser, Lime-Juice und einige Eiswürfel in einen Shaker geben und wie gewohnt shaken. In ein Glas seihen.

Eine große Schüssel zu 2/3 mit Klarsichtfolie bespannen. Cranberrysaft, Cranberrysirup und Sojalecithin in die Schüssel geben, mit dem Zauberstab schaumig aufschlagen. Dabei darauf achten, dass der Zauberstab den Mixaufsatz trägt und reichlich Luft unter die Masse geschlagen wird. Zeitweise kann das Tempo auch reduziert werden. Masse einige Augenblicke stehen lassen, damit die Flüssigkeit sich wieder am Boden der Schüssel sammeln kann. Mit einem Sieblöffel den Schaum abheben und auf dem Drink platzieren.

TIPP Anstelle des Vodkas Oval 42 kann auch Vodka Oval 24 verwendet werden. Dadurch reduziert sich der Alkoholgehalt des Drinks, da der Oval 24 nur 24 Volumenprozent gegenüber dem 42prozentigen Vodka hat.

20 ML COINTREAU
10 ML OVAL VODKA 42
20 ML SODAWASSER
10 ML ROSE'S LIME-JUICE
EINIGE EISWÜRFEL

100 ML CRANBERRYSAFT
30 ML MONIN CRANBERRYSIRUP
1 G SOJALECITHIN VON LOUIS FRANÇOIS

ABSINTH KONFEKT, ELEKTRISCH

ABSINTH-KONFEKT Die Minze zupfen und mit dem Crushed Eis im Thermomix fein mixen. Fein passieren und dann mit den weiteren Zutaten montieren, bis die Masse schaumig wird. In eine Flexipanform geben und für mindestens 12 Stunden bei –20 °C gefrieren.

FERTIGSTELLUNG Absinth-Konfekt aus der Form lösen und auf einem Porzellanlöffel anrichten. Mit dem Peta Zeta bestreuen und servieren.

ABSINTH-KONFEKT

1/4	BUND MINZE
	CRUSHED ICE
40 ML	TABU ABSINTH CLASSIC
100 ML	GINGER ALE
2 G	KEIKO VIRGIN MATCHA TENKO (GRÜNER TEE)
2 EL	TREHALOSE-ZUCKER
1	GESTRICHENER PORTIONSLÖFFEL XANTHAZOON
2	GESTRICHENE PORTIONSLÖFFEL GUARZOON

FERTIGSTELLUNG

5 G	PETA ZETA (KNALLBRAUSE VON SOSA)

SPOONCOCKTAIL APEROL, ORANGE

Das Algizoon ins Wasser montieren, mit dem Aperol vermischen und glatt rühren. Im Calazoonbad zu Kugeln formen. 30 Sekunden in dem Bad belassen und in kaltem Wasser nachspülen. Auf einem Porzellanlöffel die Orangensegmente anrichten und zum Champagner servieren.

120 ML	APEROL
2	GESTRICHENE LÖFFEL ALGIZOON
2 EL	WASSER
5	GESTRICHENE LÖFFEL CALAZOON, IN 130 ML WASSER VOLLSTÄNDIG AUFGELÖST
30 G	ORANGENSEGMENTE (IN STICKSTOFF SEGMENTIERT – ALTERNATIV: ORANGENPUDER)

SFERIFICATION

Dass flüssige Massen
zu sphärischen Kugeln
transformiert werden
können, ist keine Folge
magischer Kräfte,
sondern beruht auf den
molekularen Wirkungen
von Texturgebern wie
Calciumlactat und Alginat.
Zeit einzutauchen
in Sphären aus Litschi,
Kokosmilch und Mango.

PFEFFERMAKRELE, LARDO, RÄUCHERFUMET

PFEFFERMAKRELE MIT LARDO

1	BRETONISCHE MAKRELE
200 ML	HELLER SPANISCHER ESSIG
8	ZERSTOSSENE PIMENTKÖRNER
1	FRISCHES LORBEERBLATT
1	STÄNGEL BLATTPETERSILIE
35 G	ZUCKER
5 G	SALZ
	RAPSÖL ZUM EINLEGEN
2	STREIFEN DÜNN GESCHNITTENER LARDO, 20 x 20 CM

STAMMLÖSUNGEN

20 G	ALGIN
10 G	CALCIC

RÄUCHERFUMET

200 ML	FISCHFOND
20 G	ALGIN-STAMMLÖSUNG
50 ML	CALCIC-STAMMLÖSUNG IN EINEN ESSIGZERSTÄUBER GEFÜLLT
30 ML	LIQUID SMOKE VON HICKORY

FERTIGSTELLUNG

5 G	ZERSTOSSENER TASMANISCHER PFEFFER

PFEFFERMAKRELE MIT LARDO Die Makrele filetieren, entgräten und säubern. Mit dem hellen spanischen Essig, dem zerstoßenen Piment, Lorbeer, Blattpetersilie, Zucker und Salz für 6 Stunden vakuumiert einlegen. Herausnehmen und in Rapsöl lagern. Bei Bedarf abtupfen, von der Silberhaut befreien und einmal längs bis auf die Haut einschneiden. Mit der Hautseite nach innen einmal einschlagen und mit einem Streifen Lardo fixieren. Gut durchkühlen lassen.

STAMMLÖSUNGEN Für die Algin-Stammlösung 20 Gramm Algin in 1 Liter Wasser auflösen. Für die Calcic-Stammlösung 10 Gramm Calcic in 1 Liter Wasser auflösen.

RÄUCHERFUMET Den Fischfond mit der Algin-Stammlösung anrühren, so dass keine Luftblasen entstehen. Mit dem Liquid Smoke abschmecken und gleichmäßig auf ein Kunststofftablett gießen. Mit der Calcic-Stammlösung bestäuben. Für mindestens 12 Stunden kalt stellen, dann mit Wasser spülen.

FERTIGSTELLUNG Makrelenrolle auf das untere Ende des Räucherfumets setzen und einmal darin einschlagen. Zurechtschneiden und kurz kalt stellen. Bei Bedarf in Scheiben von 1,5 Zentimeter schneiden, mit dem Pfeffer bestreuen und dann servieren.

Dieses Rezept entstand in Kooperation mit der **DEUTSCHEN SEE**.

LITSCHI, ROSENWASSER-SCHAUM, SÜSSDOLDEN-INFUSION, NELKENPFEFFER

LITSCHIS Die Amaranthkörner in einer beschichteten Pfanne rösten, bis sie aufpoppen. Marzipan mit Rosenöl verfeinern, die Litschis damit füllen, in dem Amaranth wälzen und 3 Minuten bei 180 °C erhitzen.

ROSENWASSERSCHAUM Mineralwasser mit Mannitol, Rosenwasser und Rosenöl vermengen und dann mit dem Emulzoon aufmontieren. Eine Minute stehen lassen.

SPHÄREN UND KAVIAR Litschisaft mit 10 Gramm Alginat Basislösung verrühren, Cranberrysaft mit 4 Gramm Alginat Basislösung verrühren, beide Säfte stehen lassen, bis die Luftblasen entwichen sind.
Das Süßdoldenwasser in eine Spritze füllen und dann mit einer Nadel versehen. Aus dem Litschisaft Sphären in zwei verschiedenen Größen herstellen. 4 Stück à 15 Milliliter und 8 Stück à 8 Milliliter. In die großen Sphären das Süßdoldenwasser einspritzen. In der Calziumlactatlösung wenden, damit sich die Sphären schließen und nochmals 10 Sekunden in der Lösung lassen. Dann herausnehmen und in klarem Wasser spülen. In den restlichen Litschisaft das verbliebene Amaranth geben und zu weiteren Sphären verarbeiten.
Den Cranberrysaft in eine Spritze mit großem Auslass geben und in die Calziumlactatlösung tropfen lassen, so dass kleine Kugeln entstehen. 20 Sekunden kochen, dann in klarem Wasser spülen.

FERTIGSTELLUNG Die verschiedenen Komponenten auf einem Teller arrangieren und den Schaum platzieren. Mit Nelkenpfeffer bestreuen, dann mit Borage Cress garnieren und servieren.

LITSCHIS

50 G	AMARANTH
30 G	MARZIPAN
1	TROPFEN ROSENÖL VON ROSARIA
8	LITSCHIS

ROSENWASSERSCHAUM

200 ML	STILLES MINERALWASSER
2 G	MANNITOL
10 ML	ROSENWASSER
2	TROPFEN ROSENÖL VON ROSARIA
2	GESTRICHENER PORTIONS-LÖFFEL EMULZOON

SPHÄREN UND KAVIAR

150 ML	LITSCHISAFT
14 G	ALGINAT BASISLÖSUNG
50 ML	KLARER CRANBERRYSAFT
20 ML	SÜSSDOLDENWASSER
1 L	CALZIUMLACTATLÖSUNG

FERTIGSTELLUNG

5 G	NELKENPFEFFER
	BORAGE CRESS

GEMÜSERAVIOLI, BUTTERSUD, MANDELÖL

GEMÜSERAVIOLI

100 ML	KAROTTENJUS
100 ML	LAUCHJUS
100 ML	SELLERIEJUS
3	GESTRICHENE PORTIONSLÖFFEL ALGIZOON
5	GESTRICHENE PORTIONSLÖFFEL CALAZOON
JE 4	STÜCKE LAUCH, SELLERIE UND KAROTTE
2	BREITE ORANGENZESTEN OHNE FRUCHTWEISS
1	ZWEIG ROSMARIN
100 ML	OLIVENÖL VON LAKUDIA
JE 50 G	GEMÜSEJULIENNE VON LAUCH, SELLERIE UND KAROTTE
	ERDNUSSÖL ZUM FRITTIEREN
	GEHOBELTE MANDELN
	SCHWARZER SESAM
	TASMANISCHER PFEFFER

BUTTERSUD

150 ML	GEMÜSEBRÜHE
2 EL	MANDELÖL VON MONTEGOTTERO
2 EL	BUTTER

GEMÜSERAVIOLI In jeden Jus vorsichtig einen gestrichenen Portionslöffel Algizoon einrühren, ohne dabei Luft einzuarbeiten. Leicht salzen. Tipp: Einen Tag vor der Verwendung vorbereiten und über Nacht stehen lassen. Durch die Zugabe von je 4 Gramm Metilwasser werden die Ravioli hitzestabiler.
Das Calazoon in 130 Milliliter Wasser vollständig auflösen, die Gemüseraviolimassen mit einem Portionslöffel in die Lösung geben, nach 1 Minute abgießen und in kaltem Wasser nachspülen.
Aus Lauch, Sellerie und Karotte dünne runde Plättchen mit 0,5 Zentimeter Durchmesser ausstechen. Die Gemüsesegmente mit der Orangenzeste und dem Rosmarin bei 140 °C in Olivenöl im Backofen konfieren. Kurz abtupfen und anrichten.
Die Gemüsejulienne jeweils getrennt frittieren und mit schwarzem Sesam oder gehobelten Mandeln oder tasmanischem Pfeffer bestreuen.

BUTTERSUD Die Gemüsebrühe erhitzen, mit dem Mandelöl abschmecken und mit der Butter binden. Die Gemüseravioli kurz darin schwenken und erwärmen.

FERTIGSTELLUNG Die Ravioli auf dem jeweiligen Gemüse anrichten und mit den frittierten Julienne belegen. Den Buttersud angießen und mit etwas Mandelöl beträufeln.

MAISPOULARDE, KOKOSMILCH, VERKEHRT ASIATISCH

MAISPOULARDE Die Haut von der Poularde lösen, zwischen zwei Silpatmatten legen, salzen und mit etwas Olivenöl beträufeln. Mit einer Cocotte beschweren und im Backofen bei 160 °C rösten.
Die Poulardenbrust mit etwas Rosmarin in einen Kochbeutel geben und dann verschließen. Bei 56 °C im Wasserbad 30 Minuten garen. In steigender Butter anbraten und leicht salzen. Warm stellen und bei Bedarf in Tranchen schneiden.

GEFLÜGELJUS Das Zitronengras klein schneiden und anschwitzen. Mit dem Geflügeljus aufgießen, Sternanis dazugeben und auf die gewünschte Konsistenz reduzieren lassen. Mit dem Kuzu binden und mit Yuzu leicht säuern.

KOKOSMILCHSPHÄREN Die Kokosmilch auf 60 °C erwärmen. Die restlichen Zutaten dazugeben, kurz mixen und abschmecken. Den Schaum setzen lassen. Das Algin in 1 Liter Wasser auflösen und in eine flache Schale geben. Mit einem Portionslöffel Kokosmilchsphären herstellen und in der Alginlösung etwa 5 Minuten kochen lassen. Herausnehmen und in Wasser klar spülen. Bei 60 °C etwa 20 Minuten warm stellen.

STANGENBOHNEN Die Stangenbohnen in Salzwasser blanchieren (14 Gramm Salz auf 1 Liter Wasser). In Eiswasser abschrecken. Bei Bedarf mit Ingwer, Chili und etwas Butter glasieren.

FERTIGSTELLUNG Die Bohnen zuschneiden, anrichten und dann die Kokosmilchsphäre darauf platzieren. Die Poulardentranchen platzieren, die Hautsegmente zuschneiden und mit Orangensalz bestreuen. Mit Erbsensprossen und Erdnusspulver anrichten und mit dem Geflügeljus angiessen.

MAISPOULARDE

1	MIERAL CHAPON BRESSE
1	ZWEIG ROSMARIN

GEFLÜGELJUS

1	STÄNGEL ZITRONENGRAS
200 ML	GEFLÜGELJUS
1	STÜCK STERNANIS
	ETWAS ANGERÜHRTES KUZU (BINDEMITTEL ÄHNLICH PFEILWURZELMEHL)
1	SPRITZER YUZU (ASIATISCHE ZITRONENSÄURE)

KOKOSMILCHSPHÄREN

140 G	KOKOSMILCH
60 G	MILCH
1	SPRITZER CHILIÖL
1	PRISE SALZ
1 TL	HONIG
4	GESTICHENER PORTIONS-LÖFFEL CALAZOON
1	GESTRICHENER PORTIONS-LÖFFEL XANTHAZOON
1	LITER WASSER
5 G	ALGIN

STANGENBOHNEN

4	STANGENBOHNEN
20 G	GESCHÄLTE INGWERWURZEL IN FEINEN WÜRFELN
10 G	CHILISCHOTE IN FEINEN WÜRFELN
30 G	BUTTER

FERTIGSTELLUNG

1 TL	ORANGENSALZ
	ERBSENSPROSSEN
10 G	ERDNUSSPULVER

MANGO RAVIOLO, GRÜNER TEE, VANILLE, MOLE

MANGO RAVIOLO

- 200 ML MANGOMARK
- 80 ML LÄUTERZUCKER
- 1 G GLYCERIN
- 1 GESTRICHENER PORTIONSLÖFFEL XANTHAZOON

MATCHA-GEL

- 100 ML SÜSSWEIN
- 100 ML UNGESÄTTIGTER LÄUTERZUCKER
- 4 G KEIKO VIRGIN MATCHA TENKO (GRÜNER TEE)
- 10 G VEGETARISCHE GELATINE

VANILLESAUCE

- 100 ML UNGESÄTTIGTER LÄUTERZUCKER
- ABRIEB EINER ½ LIMONE
- MARK EINER TAHITI-VANILLE
- 1 GESTRICHENER PORTIONSLÖFFEL XANTHAZOON

FERTIGSTELLUNG

- 1 TL MOLE-PULVER

MANGO RAVIOLO Mangomark und Glyzerin mit Läuterzucker verrühren und mit Xanthan binden. In Halbkugel-Silpatmatten füllen und einfrieren.

MATCHA-GEL Den Süßwein mit Läuterzucker und dem grünen Tee glatt rühren. Die Gelatine darin auflösen und einmal aufkochen. Abschäumen und auf 60 °C temperieren.
Je 2 Mango-Halbkugeln zusammen an den flachen Seiten kurz erwärmen, zusammensetzen und wieder einfrieren. Ein halbe Stunde vor Bedarf auf einer dünnen Nadel fixieren und durch die temperierte Gelatine ziehen. Die Kugel muss ganz ummantelt sein. Auf ein Blech setzen und im Kühlschrank gelieren lassen. Nach 30 Minuten herausnehmen und anrichten.

LÄUTERZUCKERSAUCE Den Läuterzucker mit den Zutaten verrühren und dann kalt stellen.

FERTIGSTELLUNG Den Raviolo in einen tiefen Teller geben. Mit der Mole garnieren und servieren.

TIPP Der Raviolo soll dünn mit der Matcha-Gelatine überzogen sein. Je dünner die Haut ist, desto transparenter scheint das Grün des Tees. Durch das Einbringen in die Sauce wird das Grün besonders herausgestellt.

GELIFICATION

Jahrhundertelang galten Gelatine und Agar als die einzigen verlässlichen Gel-Bildner. Die Zeiten haben sich geändert. Eine Vielzahl neuer Hydrokolloide erweitert das Gestaltungsspektrum in der Küche. Auch warme und deutlich säurehaltige Gels lassen sich nun problemlos herstellen.

KLEINE GEMÜSESENSORIK

PASSEPIERRE

500 ML	SAFT AUS PASSEPIERRE-ALGEN
9	GESTRICHENE PORTIONSLÖFFEL AGAZOON
3	BLATT GELATINE
	FLEUR DE SEL

TEXTUR PASSEPIERRE

30 G	FEIN GEHACKTE PASSEPIERRESPITZEN
20 G	SESAMKÖRNER

CHICORÉE

500 ML	SAFT AUS BLANCHIERTEM CHICORÉE
9	GESTRICHENE PORTIONSLÖFFEL AGAZOON
3	BLATT GELATINE
	CHICORÉEGRANULAT
10 G	ORANGENPUDER

TEXTUR CHICORÉE

20 G	KLEIN GESCHNITTENE ORANGENSEGMENTE
10 G	PANKOMEHL GERÖSTET

KAROTTE

500 ML	KAROTTENSAFT
9	GESTRICHENE PORTIONSLÖFFEL AGAZOON
3	BLATT GELATINE
2 TL	ORANGENBLÜTENHONIG
	MANNITOL

TEXTUR KAROTTE

10 G	INGWERBRUNOISE, 1 x 1 MM
	ETWAS TEMPURAMEHL
	ERDNUSSÖL
5 G	SCHWARZKÜMMEL

GURKE

500 ML	GURKENSAFT
9	GESTRICHENE PORTIONSLÖFFEL AGAZOON
3	BLATT GELATINE
1	SPRITZER REISESSIG

TEXTUR GURKE

20 G	GURKENBRUNOISE, 1 x 1 MM
5 G	SCHWARZER SESAM

Bei jeder Gemüsesorte ist die Zubereitung identisch. Den Saft mit Agazoon verrühren und einmal aufkochen. Die in kaltem Wasser eingeweichte und gut ausgedrückte Gelatine in der noch heißen Masse auflösen. Kräftig mit genannten Geschmackszutaten abschmecken, so dass die Basisnoten salzig, bitter, süß und sauer herauszuschmecken sind.

Gemüsegelee dünn auf vorgewärmte Kunststofftabletts gießen, verlaufen lassen und erkalten lassen. In Streifen von 3 Zentimeter schneiden und einrollen. Beim Einrollen auf das letzte Drittel einen Teil der Texturen streuen und weiter eindrehen. Mit den jeweiligen Texturen garnieren und servieren.

STEINBUTT, GELIERTE LIEBSTÖCKELHAUBE, TOMATENFLOCKEN

STEINBUTTFILETS Die Steinbuttfilets mit dem Limonenöl marinieren und im Backofen 3 Minuten dämpfen. Die Steinbuttlamellen mit dem Kalbsjus marinieren und einziehen lassen. Mit dem Stärkemehl bestäuben und dann schwimmend in Erdnussöl kross braten.

TOMATENFONDUE Die Roma-Tomaten blanchieren, häuten und entkernen, dann in feine Würfel schneiden. Die Tomatenhaut beiseite legen. Die Schalotte in etwas Olivenöl anschwitzen, salzen und dünsten. Die Tomatenwürfel dazugeben und kurz durchschwenken. Herausnehmen und die ausgetretene Flüssigkeit mit dem Tomatenwasser aufgießen. Einmal aufkochen, kurz reduzieren lassen und dann mit etwas angerührtem Pfeilwurzmehl binden. Kurz vor dem Servieren die Tomatenwürfel wieder darin erwärmen.

TOMATENFLOCKEN Die Tomatenhaut im Dehydrator 3 Stunden trocknen lassen, dann mahlen, so dass Flocken entstehen.

PESTO Aus Basilikum, Liebstöckel, Blattpetersilie, Pinienkernen und den Ölen einen Pesto herstellen. Mit Fleur de Sel würzig abschmecken.

LIEBSTÖCKELHAUBE Den Liebstöckel zupfen. Den Steinbuttfond mit dem Noilly Prat und den Liebstöckelstengeln auf 500 Milliliter reduzieren, durch ein Sieb gießen und dann abkühlen lassen. Gellan mit dem kalten Fond anrühren, kurz aufkochen, den in feine Streifen geschnittenen Liebstöckel zugeben und noch einmal aufkochen lassen. Auf ein vorgewärmtes Plastiktablett gießen und gleichmäßig verlaufen lassen. Kalt stellen und bei Bedarf in Segmente von der Größe der Steinbuttfilets schneiden. Achtung: Salzgehalt darf nicht zu hoch sein.

FERTIGSTELLUNG Den Steinbutt nach dem Garen mit der Liebstöckelhaube belegen und kurz unter dem Salamander erhitzen. Das Tomatenfondue anrichten, die Filets darauf platzieren und die Steinbuttlamellen anlegen. Mit dem Pesto umgießen und mit den Tomatenflocken garnieren. Die in Öl leicht erwärmten sardischen Tomaten und die Roma Tomaten dazu arrangieren.

STEINBUTTFILETS

10	STEINBUTTFILETS À 50 G
10 ML	LIMONENÖL VON AGRIVERDE
20	SEGMENTE VON STEINBUTTLAMELLEN
100 ML	REDUZIERTER KALBSJUS
	ETWAS STÄRKEMEHL
	ERDNUSSÖL ZUM BRATEN

TOMATENFONDUE UND -FLOCKEN

1 KG	ROMA-TOMATEN
1	SCHALOTTE, IN FEINSTE WÜRFEL GESCHNITTEN
	ETWAS OLIVENÖL
200 ML	TOMATENWASSER
	PFEILWURZMEHL ZUM BINDEN DES FONDS

PESTO

1	BUND BASILIKUM
1/4	BUND LIEBSTÖCKEL
1/4	BUND BLATTPETERSILIE
40 G	GERÖSTETE PINIENKERNE
100 ML	OLIVENÖL
20 ML	HASELNUSSÖL VON MONTEGOTTERO
	FLEUR DE SEL

LIEBSTÖCKELHAUBE

1/2	BUND LIEBSTÖCKEL
800 ML	STEINBUTTFOND
50 ML	NOILLY PRAT
6 G	GELLAN
100 ML	RAPSÖL DER TEUTOBURGER ÖLMÜHLE

FERTIGSTELLUNG

20	SEGMENTE VON STEINBUTTLAMELLEN
20	KONFIERTE SARDISCHE TOMATEN
10	GETROCKNETE ROMA TOMATEN

SPARGEL CRU, KÜRBIS-QUARKPAVÉ, KARTOFFELPUDER

SPARGEL CRU

4	STANGEN WEISSER SPARGEL
1/4	PEPERONI, GESCHÄLT UND IN FEINE BRUNOISE GESCHNITTEN
30 ML	RAPSÖL DER TEUTOBURGER ÖLMÜHLE
10 ML	KALTGEPRESSTES ARGANÖL, UNGERÖSTET, VON FARGANO
20 ML	GEFÜGELFOND
1 TL	ZITRONENSAFT
1 EL	BALSAMESSIG
	FLEUR DE SEL

PÜREE

200 G	MUSKATKÜRBIS
40 G	SAHNE
30 G	BUTTER
1 EL	OLIVENÖL VON DAURO
	ETWAS ZITRONENSAFT

ÖLGELEE

80 ML	KÜRBISKERNÖL
0,5 G	GLICE
1	BLATT GELATINE
80 ML	KÜRBISKOCHWASSER (SIEHE PÜREE)
0,5 G	SUCRO

KÜRBIS-QUARKPAVÉ

100 ML	MUSKATKÜRBISSAFT
	ETWAS ZITRONENSAFT
3 G	METIL
40 ML	OLIVENÖL VON DAURO
60 G	QUARK
	FLEUR DE SEL

KARTOFFELPUDER

100 G	GESCHÄLTE KARTOFFELN IN SCHEIBEN

FERTIGSTELLUNG

8	STANGEN GRÜNER SPARGEL, BLANCHIERT
12	KARTOFFELCHIPS
8	KLEINE BLÄTTER BASILIKUM FRITTIERT

SPARGEL CRU Den weißen Spargel auf einem Gourmethobel längs in feine Streifen hobeln. Aus den weiteren Zutaten eine Vinaigrette herstellen, den Spargel damit marinieren. Einige Zeit stehen lassen, den austretenden Saft abgießen, Spargel leicht salzen.

PÜREE Muskatkürbis klein schneiden und in gesalzenem Wasser weich kochen. Kürbiswasser abgießen und beiseite stellen. Kürbis im Thermomix zu Püree verarbeiten und mit Sahne, Butter sowie Olivenöl montieren. Mit etwas Zitronensaft leicht säuern und würzig abschmecken.

ÖLGELEE Das Öl auf 60 °C erwärmen und das Glice darin auflösen. Die eingeweichte und ausgedrückte Blattgelatine darin auflösen. Das Kürbiskochwasser mit dem Sucro montieren und das Öl in feinem Strahl in die Masse rühren. In ein rechteckiges Gefäß füllen und kalt stellen. Bei Bedarf in Streifen von 2 x 4 x 0,5 Zentimeter schneiden.

KÜRBIS-QUARKPAVÉ Den Muskatkürbissaft mit etwas Zitronensaft und dem Metil im Thermomix montieren. Stehen lassen und auf 4 °C abkühlen. Mit dem Olivenöl aufschlagen und den Quark unterrühren. Würzig abschmecken. Ein Gefäß von 3 x 5 x 2 Zentimeter knapp zur Hälfte füllen und das Ölgelee einlegen. Mit der restlichen Masse abschließen und 6 Minuten dämpfen. Herausnehmen und stürzen. Anrichten und kurze Zeit stehen lassen.

KARTOFFELPUDER Die Kartoffeln kochen und im Backofen kurz rösten. Im Dehydrator trocknen lassen und im Thermomix pulverisieren.

FERTIGSTELLUNG Das Kürbis-Quarkpavé anrichten, den marinierten Spargel sowie die Abschnitte des blanchierten grünen Spargels arrangieren und mit Vinaigrette beträufeln. Das Püree aufbringen. Mit den Kartoffelchips und Basilikumblättern das Pavé garnieren. Kartoffelpuder aufstreuen.

SAUERKRAUT IN TEXTUREN, RAHM, SEEZUNGE

RAHMSAUERKRAUT Die Schalottenwürfel in dem Olivenöl anschwitzen und leicht salzen. Das Sauerkraut zugeben und mit dem Geflügelfond auffüllen. Den Gewürzbeutel zugeben und zugedeckt dünsten lassen. Einen Teil des Krauts nach $^2/_3$ der Garzeit herausnehmen, gut ausdrücken und den Saft wieder zum Rahmsauerkraut geben. Das Kraut für gebratenes Sauerkraut beiseite stellen. Das restliche Sauerkraut mit der Crème double versetzen, mit etwas Essig abschmecken und zur Seite stellen.

SAUERKRAUTGELEE Sauerkrautsaft mit Zucker und Agazoon montieren und einmal aufkochen. Abschäumen, abschmecken und in eine Form geben. Für 2 Stunden kalt stellen und bei Bedarf in Würfel von 1,5 x 1,5 Zentimeter schneiden. Bei 90 °C Ofentemperatur erwärmen.
Das abgetropfte Sauerkraut mit Speisestärke bestäuben und in tiefem Erdnussöl kross braten.
Jeweils die Hälfte der Sauerkrautwürfel mit dem gebratenen Sauerkraut und Limonenabrieb belegen.

SEEZUNGE Die Seezunge wie gewohnt küchenfertig vorbereiten und filetieren. Die Filets auf der Hautseite mit Metilwasser einstreichen. Einrollen und mit dem Limonenöl in einen Kochbeutel geben. Die Lorbeerblätter dazugeben und vakuumieren. Bei 62 °C im Julabo-Wasserbad 14 Minuten pochieren. Kurz in steigender Butter glasieren und einmal aufschneiden. Die Apfel- mit den Lauchwürfeln vermengen und mit etwas Champagneressig säuern. Die Melange auf der Seezunge anrichten und salzen.

SAUCE Die Schalottenwürfel in Olivenöl anschwitzen und mit dem Weißwein ablöschen. Den Fischfond zugeben und alles auf ein Minimum reduzieren. Anschließend mit der Sahne auffüllen und einmal aufkochen lassen. Mit dem Noilly Prat montieren.

FERTIGSTELLUNG Das Rahmsauerkraut anrichten und die Seezunge darauf platzieren. Die heißen Sauerkrautgelee-Segmente anrichten und die aufgeschäumte Sauce angießen. Das Arrangement mit Lauchöl umgießen und servieren.

RAHMSAUERKRAUT

- 1 SCHALOTTE, IN FEINE WÜRFEL GESCHNITTEN
- ETWAS OLIVENÖL ZUM ANSCHWITZEN
- 200 G FRISCHES SAUERKRAUT
- 100 ML GEFLÜGELFOND
- 1 GEWÜRZBEUTEL MIT PIMENT, WACHOLDER, PFEFFERKÖRNERN
- 20 G CRÈME DOUBLE
- 1 SPRITZER CHAMPAGNER-ESSIG

SAUERKRAUTGELEE

- 200 ML SAUERKRAUTSAFT
- 10 G ZUCKER
- 5 GESTRICHENE PORTIONSLÖFFEL AGAZOON
- ETWAS SPEISESTÄRKE
- ERDNUSSÖL
- ABRIEB EINER ½ LIMONE

SEEZUNGE

- 1 SEEZUNGE, 400 BIS 600 G
- 10 ML METILWASSER
- 20 ML LIMONENÖL VON AGRIVERDE
- 2 LORBEERBLÄTTER
- BUTTER
- ½ APFEL, IN FEINE WÜRFEL GESCHNITTEN
- 1 EL LAUCHWÜRFEL
- 1 SPRITZER CHAMPAGNER-ESSIG

SAUCE

- 1 GEWÜRFELTE SCHALOTTE
- OLIVENÖL
- 100 ML WEISSWEIN
- 300 ML FISCHFOND
- 200 ML SAHNE
- 50 ML NOILLY PRAT

FERTIGSTELLUNG

- LAUCHÖL

SCHOKOLADENEXPLOSION, ORANGE

ORANGENSALAT

	FILETS VON 1 ORANGE
300 ML	FLÜSSIGER STICKSTOFF
	EINIGE SAFRANFÄDEN
	EINIGE GEHACKTE PISTAZIENKERNE
1 EL	ORANGENBLÜTENHONIG
1	TROPFEN BITTERORANGENÖL VON SOSA

KONFIERTE ORANGEN

	FILETS VON 2 ORANGEN
200 ML	OLIVENÖL VON ASFAR
1	ZWEIG ROSMARIN
2	KÖRNER KUBEBEN-PFEFFER, ZERSTOSSEN
1	ORANGENZESTE OHNE WEISSE FRUCHTHAUT
	EINIGE MAJORANBLÜTEN

ORANGENEIS

250 G	REDUZIERTER ORANGENSAFT
250 G	SAHNE
100 G	ZUCKER
1 EL	GLUCOSE
½	VANILLESCHOTE
1,5 G	XANTHAN
8	EIGELBE
200 G	CRÈME FRAÎCHE

SAFRANKANDIS

225 G	FONDANT
150 G	GLUCOSE
20 G	BUTTER
2 G	SAFRANPULVER

WARME PRALINE

200 ML	ORANGENSAFT
20 G	FEINER ZUCKER
8 G	METIL
100 ML	SAHNE
200 G	KUVERTÜRE VON ALTO EL SOL
1	BLATT GELATINE
	MARK EINER ½ VANILLE
20 ML	CREME DE CACAO
400 ML	LÄUTERZUCKER MIT VANILLE

ORANGENSALAT Die Filets in den Stickstoff geben und so lange kochen, bis sich die ersten Segmente trennen. Orangenfilets mit einem Sieb entnehmen und zwischen Backpapier zerdrücken. Die einzelnen Segmente zur Weiterverarbeitung in der Tiefkühltruhe lagern und temperieren lassen. Vor dem Anrichten die Orangensegmente herausnehmen und mit den Safranfäden, den gehackten Pistazienkernen, dem Orangenblüten-Honig und 1 Tropfen Bitterorangenöl abschmecken.

KONFIERTE ORANGEN Das Olivenöl im Backofen auf 50 °C erwärmen. Rosmarin, Pfeffer und Orangenzeste dazugeben und kurz miterwärmen. Die Orangenfilets darin einlegen und 30 Minuten ziehen lassen. In einer Schale auf Eiswasser schnell herunterkühlen und kalt stellen.

ORANGENEIS Den Orangensaft mit der Sahne, der Hälfte des Zuckers, Glucose und Vanillemark aufkochen. Die Eigelbe mit dem restlichen Zucker im Thermomix aufschlagen, die Gewürzmilch dazugießen, bis 80 °C erhitzen und zur Rose abziehen. Das Xanthan kurz montieren und dann die Crème fraîche unterarbeiten. Die kalte Eismasse in der Eismaschine gefrieren lassen oder im Pacojet weiterverarbeiten

SAFRANKANDIS Fondant und Glucose kochen, bis die Masse bernsteinfarben ist. Die Butter und Safran dazugeben, auf eine Silpatmatte gießen und auskühlen lassen. In einer Zuckermühle fein mahlen, dünn auf eine Silpatmatte sieben und unter dem Salamander kurz schmelzen lassen.

WARME PRALINE Den Orangensaft mit dem Zucker mixen und mit dem Metil montieren. Auf 4 °C herunterkühlen. Die Sahne aufkochen, Kuvertüre zugeben, auflösen lassen und Gelatine, Vanillemark sowie Creme de Cacao darin verrühren. In eine Form geben und mindestens 4 Stunden kühl stellen. Bei Bedarf mit einem Parisienne-Ausstecher Kugeln formen und auf einem Spieß fixieren. Erneut kalt stellen. Zur Fertigstellung durch die Orangenmasse ziehen und in dem 80 °C heißen Läuterzucker so lange pochieren, bis die Kuvertüre sich aufgelöst hat. Sofort herausnehmen, anrichten und servieren.

FERTIGSTELLUNG Den Orangensalat anrichten und die warme Praline darauf anrichten. Die konfierten Orangen arrangieren und eine Nocke Orangeneis darauf platzieren. Den Kandis in kleine Segmente brechen, auf dem Eis anrichten und mit den Majoranblüten bestreuen. Mit etwas zerlassener Kuvertüre einen Dekorstrich ziehen und servieren.

WARMER BIENENSTICH, SAURER HONIGTEE

MANDELKRUSTE Fondant und Glucose verkochen, bis die Masse bernsteinfarben ist. Die Mandeln unterrühren und die Masse auf einer Silpatmatte ausgießen. Mit einer zweiten Silpatmatte belegen und sofort dünn ausrollen. Noch vor dem Erkalten auf die größe der Bienenstich-Stücke schneiden. Die restliche Masse wieder im Backofen leicht erwärmen, mit dem Zimt versetzen und zu langen Stangen formen.

WARMER BIENENSTICH Milch mit Zucker und Vanillemark montieren. Das Metil unterrühren. Einmal auf 4 °C abkühlen, damit die Masse komplett bindet. Auf Zimmertemperatur erwärmen lassen. Die Sahne sowie die zerlassene Butter unterrühren. In eckige Silpat-Formen geben und im Wasserbad bei 80 °C stocken lassen. Herausnehmen und in die Mandelkruste betten.

HONIGTEE Den Honig mit Wasser, Picpoul de Pinet und Noilly Prat erwärmen. Thymianzweig, Zitronensaft, Ascorbinsäure und Zitronenabrieb in der warmen Flüssigkeit ziehen lassen. Bei Bedarf durch ein sehr feines Sieb passieren, mit Emulzoon montieren und luftig schlagen. In einen Becher füllen und mit der Zimtstange belegen.

MANDELKRUSTE

100 G	FONDANT
30 G	GLUCOSE
50 G	GEHACKTE MANDELN
1	PRISE ZIMT

WARMER BIENENSTICH

100 ML	MILCH
50 G	ZUCKER
	MARK EINER TAHITI-VANILLESCHOTE
3,5 G	METIL
50 ML	SAHNE
30 G	ZERLASSENE BUTTER

HONIGTEE

30 G	THYMIANBLÜTENHONIG
80 ML	WASSER
80 ML	PICPOUL DE PINET (WEISSWEIN)
5 CL	NOILLY PRAT
1	ZWEIG THYMIAN
5 G	ZITRONENSAFT
	ETWAS ASCORBINSÄURE
	ABRIEB EINER 1/2 ZITRONE
2	GESTRICHENE PORTIONSLÖFFEL EMULZOON

HEISSE BRATAPFELGELATINE, TRÜFFEL, GÄNSELEBER, PARADIESAPFEL

HEISSE BRATAPFELGELATINE Die Äpfel in gleich große Segmente von 1 Zentimeter schneiden. Den Weißwein mit den Gewürzen aufkochen und auf 40 °C abkühlen lassen. Apfelstückchen, Weinsud, Apfelsaft und Mandeln in einen Kochbeutel geben und vakuumieren. Bei 70 °C im Wasserbad 60 Minuten pochieren. Die weichen Äpfel im Beutel ein wenig andrücken, dann durch ein Tuch gießen. 150 Milliliter Saft mit dem Iota vermengen und einmal aufkochen lassen. Trüffel hobeln, einige Späne für die Fertigstellung beiseite stellen, den Rest zum Saft geben, dann in eine Form füllen.

PARADIESAPFEL Mit einem Kugelausstecher aus den Äpfeln Kugeln lösen. Den Apfelsaft mit Reisessig, Glucose und Vanillemark einmal aufkochen. Die Apfelkugeln darin pochieren und auskühlen lassen. Den Sud passieren und mit der Grenadine verrühren. Das Kappa montieren, einmal aufkochen lassen, dann abschäumen. Die Apfelkugeln auf Spieße setzen und durch den Sud ziehen. Aufrecht stehend im Kühlschrank glasieren lassen und vor dem Servieren mit weißem Pfeffer würzen. Bei 50 °C im hold-o-mat kurz erwärmen und servieren.

GÄNSELEBER Die Kartoffeln mit dem Kartoffelwasser und dem geriebenen Apfel im Thermomix auf 60 °C erhitzen und dabei montieren. In die warme Masse die Butter geben und würzig mit Fleur de Sel abschmecken. Kurz vor dem Servieren mit dem Apfelessig abschmecken.
Die Gänsestopfleber in dem Stärkemehl wenden und in eine heiße Alugusspfanne geben. Wenn die Leber von einer Seite goldgelb gebräunt ist, drehen und salzen. Mit dem Olivenöl glasieren, 2 Minuten in der Pfanne stehen lassen und vor dem Servieren einmal teilen.

FERTIGSTELLUNG Die Bratapfelgelatine in dem Gefäß zu dem Kartoffelpüree setzen. Auf dem Püree die Gänseleber platzieren. Mit Maldon Sea Salt und tasmanischem Pfeffer würzen. Die Paradiesäpfel separat dazu stellen. Mit der Kresse garnieren. Einige Trüffelspäne auf der Gelatine arrangieren.

HEISSE BRATAPFELGELATINE

3	ÄPFEL, Z.B. BOSKOP
100 ML	WEISSWEIN
1	ZIMTSTANGE
1	STERNANIS
5	KÖRNER KUBEBEN-PFEFFER
100 ML	APFELSAFT
50 G	MANDELN
0,4 G	IOTA
10 G	TRÜFFEL AUS DEM PERIGORD

PARADIESAPFEL

2	ÄPFEL, Z.B. COX ORANGE
100 ML	APFELSAFT ODER APFELMOST
15 ML	REISESSIG
2 EL	GLUCOSE
	MARK VON 1 VANILLESCHOTE
20 ML	GRENADINE
1 G	KAPPA
	WEISSER PFEFFER

GÄNSELEBER

80 G	GEKOCHTE KARTOFFELN
40 ML	KARTOFFELWASSER
40 G	GERIEBENER APFEL
30 G	BUTTER
	FLEUR DE SEL
1	SPRITZER APFELESSIG
2	SEGMENTE GÄNSESTOPFLEBER À 50 G
	ETWAS STÄRKEMEHL
	ETWAS OLIVENÖL

FERTIGSTELLUNG

MALDON SEA SALT
TASMANISCHER PFEFFER
AFFILLA CRESS

GERÄUCHERTE GELATINE, KAVIAR, KARTOFFELCHIPS, GEHOBELTER STÖR

GERÄUCHERTE GELATINE Den Fischfond mit den Karkassen in den Rotationsverdampfer geben und 15 Minuten bei 60 °C ziehen lassen. Alternativ: Den Fischfond auf 60 °C erwärmen und die Karkassen darin 30 Minuten ausziehen lassen. Fischfond durch einen Superbag passieren, abkühlen lassen, mit den restlichen Zutaten montieren und einmal aufkochen. Kräftig abschmecken. In tiefe Teller geben und gelieren lassen.

KARTOFFELCHIPS Die gereinigten Kartoffeln trocken mit einem Gourmethobel in lange Scheiben reiben und getrennt nach Sorte in dem Öl bei 150 °C frittieren. Auf einem Blech, das mit Tüchern ausgelegt ist, abtupfen und lagern.

GEHOBELTER STÖR Das Störfilet kurz einfrieren und auf der Aufschnittmaschine dünn in Streifen hobeln. Zu kleinen Nestern drehen, salzen und zur Seite stellen.

SALATE Aus den Ölen mit Trüffelsaft und Balsamessig eine Vinaigrette herstellen. Würzig abschmecken und die Salate darin marinieren.

FERTIGSTELLUNG Auf der geräucherten Gelatine die marinierten Salate anrichten. Mit den Kartoffelchips, Kaviar und dem gehobelten Stör arrangieren. Mit der restlichen Vinaigrette beträufeln und leicht salzen.

GERÄUCHERTE GELATINE

200 ML	KRÄFTIGER FISCHFOND
50 G	RÄUCHERAALKARKASSEN
1 G	IOTA
10 ML	LIMONENÖL VON AGRIVERDE

KARTOFFELCHIPS

2	„LA RATTE" KARTOFFELN
2	BLAUE KARTOFFELN
1	SÜSSKARTOFFEL
500 ML	ERDNUSSÖL ZUM FRITTIEREN

GEHOBELTER STÖR

150 G	STÖRFILET
	FLEUR DE SEL

SALATE

20 ML	GRIECHISCHES OLIVENÖL
10 ML	TRAUBENKERNÖL
1 TL	ARGANÖL, UNGERÖSTET, VON FARGANO
30 ML	TRÜFFELSAFT
10 ML	BALSAMESSIG
50 G	RUCOLASALAT
30 G	FRISÉESALAT

FERTIGSTELLUNG

40 G	SEVRUGAKAVIAR

LANGOSTINOS, GESTOCKTE OLIVENMILCH, RHABARBER

OLIVENMILCH

300 ML	MILCH
9 G	METIL
150 ML	OLIVENÖL VON DAURO
	FLEUR DE SEL

LANGOSTINOS

12	LANGOSTINOS
500 ML	COURT-BOUILLON
30 ML	LIMONENÖL VON AGRIVERDE
1 TL	GEHACKTER KERBEL
1	PRISE KREUZKÜMMEL
1 TL	GEHACKTER BASILIKUM
20 G	RHABARBERSTREIFEN
1 TL	MUSCOVADOZUCKER
10 G	OLIVENJULIENNE

RHABARBER

2	STANGEN RHABARBER
200 ML	WEISSWEIN
	MARK EINER BIO-VANILLESCHOTE
120 G	ZUCKER
2 EL	HIMBEERMARK
1 TL	GRENADINE
½ TL	GEHACKTER ZITRONEN-THYMIAN

FERTIGSTELLUNG

	CAJUN SPICE
	EINIGE BLANCHIERTE ERBSEN, AUS DER SCHALE GELÖST
	BASILIKUMBLÜTEN
	THYMIANBLÜTEN

OLIVENMILCH Die Milch mit dem Metil montieren und auf 4 °C herunterkühlen. Das Olivenöl in einem feinen Strahl montieren, über Nacht stehen lassen. Auf Zimmertemperatur erwärmen und in Silpat-Formen mit 10 Milliliter Inhalt geben. Im Backofen bei 130 °C trocken backen und aus den Formen lösen.

LANGOSTINOS Von den Langostinos die Scheren und Schwänze ausbrechen. Die Court-bouillon aufkochen, die Scheren 2 Minuten darin garen, anschließend das Fleisch auslösen. Bei Bedarf mit Salz, Limonenöl, Kerbel, Kreuzkümmel und Basilikum abschmecken, zu Nocken drehen und zur Seite stellen. Die Schwänze in Limonenöl marinieren und im Backofen kurz erwärmen.
Die Rhabarberstreifen mit Muscovadozucker und Olivenjulienne vermengen und zur Seite stellen.

RHABARBER Den Rhabarber putzen und zur Seite stellen. Weißwein mit Vanillemark, Zucker, Himbeermark und Grenadine mischen, einmal aufkochen und noch warm mit dem Rhabarber vakumieren. Bei 62 °C 35 Minuten im Wasserbad pochieren, dann in Eiswasser abschrecken. Den Rhabarber in 8 Stücke von 2 Zentimeter Breite schneiden und mit dem Sud glasieren. Restlichen Rhabarber zu einem Kompott verarbeiten und mit dem gehackten Zitronenthymian abschmecken. Bei Bedarf zu Nocken formen.

FERTIGSTELLUNG Die Olivenmilch mit den Langostinoschwänzen belegen und die marinierten Rhabarberstreifen darauf platzieren. Mit Cajun Spice würzen. Die glasierten Rhabarberstücke, das Kompott und die Langostinonocken arrangieren. Mit den Erbsenhälften anrichten. Mit Olivenöl beträufeln und mit Basilikum- sowie Thymianblüten garnieren.

EMULSIFICATION

Wenn wässrige und fetthaltige Flüssigkeiten aufeinandertreffen, sieht das selten nach einer homogenen Verbindung aus. Es braucht grenzflächenaktive Vermittler wie Sojalecithin und Glycerin, um eine Liaison wie die zwischen Kaffee und einem Fischfond dauerhaft harmonisch zu gestalten.

SÜSSER HÜTTENKÄSE, ROTE DATTELN, RAZ-AL-HANOUT

SÜSSER HÜTTENKÄSE Die Zutaten nur kurz miteinander vermengen und dann kalt stellen.

ROTE DATTELN Den Portwein einmal mit den Gewürzen aufkochen und ziehen lassen. Passieren und die Datteln in den noch warmen Sud einlegen. Vakuumieren und 6 Stunden marinieren lassen.

RAZ-AL-HANOUT Alle Zutaten kurz miteinander montieren und kalt stellen.

MANDELKROKANT Den Fondant mit der Glucose und etwas Salz kochen, bis die Masse bernsteinfarben ist. Auf eine Silpat-Matte gießen und auskühlen lassen. Zur Weiterverarbeitung in kleine Stücke brechen und in einer Zuckermühle fein mahlen. Auf eine Silpat-Matte sieben, mit dem Mandelgrieß bestreuen und unter dem Salamander kurz schmelzen lassen, damit die Masse sich wieder verbindet. Trocken lagern und bei Bedarf in kleine Segmente von etwa 10 Zentimeter brechen.

FERTIGSTELLUNG Den Hüttenkäse anrichten, darauf die Datteln setzen und mit Mandelsegmenten belegen. Die Raz-al-Hanout-Sauce in ein extra Schälchen abfüllen und mit Pistazienscheiben garnieren.

SÜSSER HÜTTENKÄSE

150 G	HÜTTENKÄSE
	MARK VON 1 TAHITI-VANILLESCHOTE
30 G	ORANGENBLÜTENHONIG

ROTE DATTELN

100 ML	WEISSER PORTWEIN
2	KARDAMOMKAPSELN
1	STERNANIS
16	ROTE DATTELN

RAZ-AL-HANOUT

100 ML	STILLES MINERALWASSER
5 G	RAZ-AL-HANOUT
30 G	ZUCKER
1	GESTRICHENER PORTIONS-LÖFFEL XANTHAZOON

MANDELKROKANT

120 G	FONDANT
80 G	GLUCOSE
50 G	GERÖSTETER MANDELGRIESS
10 G	GEHOBELTE PISTAZIEN

AUSTERN, SPECK, WEISSE KAFFEE-EMULSION

DREIERLEI AUSTERN Die Austern wie gewohnt öffnen, das Wasser auffangen und zur Seite stellen. Die Austern säubern und parieren.

MIT KARTOFFELN Die Kartoffel auf einem Gemüsehobel in lange Streifen drehen und kurz wässern. 4 Austern in jeweils ein Spinatblatt drehen und mit Macis würzen. Mit den Kartoffelstreifen umwickeln und zur Seite stellen.

MIT ENOKI-PILZEN Die Enoki-Pilze mit Essig, Öl und Fleur de Sel würzig abschmecken. Die Paprika schälen und in feinste Würfel schneiden. Leicht salzen.

IM LIMONENMANTEL Das Metilwasser mit dem Limonenöl montieren, kräftig abschmecken und kurze Zeit kalt stellen. 4 Austern durch die Masse ziehen und bei 60 °C im Backofen garen, bis die Masse kurz gestockt ist.

KAFFEE-EMULSION Das Kaffeeöl auf 50 °C erwärmen und das Glice darin auflösen. Den Fischfond mit dem Sucro montieren. Langsam in das Öl einlaufen lassen und montieren. Mit Fleur de Sel und Zitrone würzig abschmecken und zur Seite stellen.

AUSTERNLUFT Noilly Prat und Tomatenwasser mit Austernwasser auf 200 Milliliter aufgießen. Mit dem Lecithin versetzen und in eine große Schüssel geben. Mit Klarsichtfolie zu ²/₃ bespannen und die Flüssigkeit montieren. Zuerst das Pulver auflösen lassen, dann im oberen Drittel den Mixer platzieren und so halten, dass viel Luft unter die Masse geschlagen wird. Wenn sich der Schaum gebildet hat, sollte er noch etwa 1 Minute stehen, damit sich die Flüssigkeit etwas absetzen kann. Mit einem Schaumlöffel den Schaum abnehmen und verarbeiten.

KORIANDERÖL Den Koriander mit der Petersilie und dem Öl im Thermomix pürieren und einige Zeit stehen lassen. Durch einen Superbag passieren und zur Seite stellen.

FERTIGSTELLUNG Die Austern mit der Kartoffel kurz im tiefen Fett knusprig backen. Auf einem Tuch abtupfen und anrichten. Die Pilze mit den rohen Austern anrichten und mit Paprikabrunoise versetzen. Mit Thymian garnieren. Die Austern im Limonenmantel mit Limonenabrieb und Tobikko platzieren. Die Kaffee-Emulsion angießen. Pancetta, Korianderöl und Austernluft arrangieren.

DREIERLEI AUSTERN

12	IRISCHE AUSTERN

MIT KARTOFFELN

1	GROSSE GESCHÄLTE KARTOFFEL
4	SPINATBLÄTTER, BLANCHIERT UND TROCKEN GETUPFT
1	PRISE MACISBLÜTE
1 EL	METILWASSER

MIT ENOKI-PILZEN

1	PÄCKCHEN ENOKI-PILZE
1 EL	OLIVENÖL
1 TL	SPANISCHER ESSIG
1	KLEINE PAPRIKA
4	THYMIANSPITZEN

IM LIMONENMANTEL

30 ML	METILWASSER (ALTERNATIVE ZUM WASSER IST HIER AUSTERNWASSER)
20 G	LIMONENÖL VON AGRIVERDE
	ABRIEB EINER ½ LIMONE
1 EL	TOBIKKO

KAFFEE-EMULSION

100 ML	KAFFEEÖL
1 G	GLICE
100 ML	FISCHFOND
1 G	SUCRO
	FLEUR DE SEL
1	SPRITZER ZITRONENSAFT

AUSTERNLUFT

20 ML	REDUZIERTER NOILLY PRAT
100 ML	TOMATENWASSER
1 G	SOJALECITHIN VON LOUIS FRANCIOS

KORIANDERÖL

½	BUND KORIANDER
	EINIGE BLÄTTER BLATTPETERSILIE
100 ML	RAPSÖL DER TEUTOBURGER ÖLMÜHLE

PANCETTA

8	HAUCHDÜNN GESCHNITTENE SCHEIBEN PANCETTA

SIMMENTALER RINDERFILET, BROTMANTEL, GEWÜRZTE EI-SAUCE, OLIVENÖL

BROTMANTEL

750 G	MEHL
42 G	HEFE
50 G	ZUCKER
⅛ L	MILCH
4	EIER
2	EIGELBE
300 G	BUTTER
100 G	OLIVENÖLBUTTER
1 TL	SALZ
1	BUND BASILIKUM
100 ML	WASSER
3 G	METHOCEL

SIMMENTALER RINDERFILET

500 G	RINDERFILET VON SIMMENTALER RINDERN
	FLEUR DE SEL
	OLIVENÖL ZUM ANBRATEN

SARDINENSTICK

4	SARDINEN-DOPPELFILETS
30 ML	SPANISCHER ESSIG
	MALDON SEA SALT
	TEMPURAMEHL

BROTMANTEL Aus Mehl, Hefe, Zucker und Milch einen Vorteig herstellen, anschließend die Eier und Eigelbe, die weiche Butter und das Salz hinzugeben. Alles gut verkneten und gehen lassen. Teig auf eine gemehlte Arbeitsfläche geben, durchwirken und in eine Kastenform geben. Mit einem Küchentuch abdecken und nochmals gehen lassen. Bei 200 °C etwa 40 Minuten backen. Sofort nach dem Backen stürzen und auf einem Gitterrost auskühlen lassen. Bei Bedarf auf der Aufschnittmaschine längs in dünne Scheiben schneiden.
Das Basilikum mit dem Wasser fein mixen und durch den Superbag passieren. Mit dem Methocel montieren und würzig abschmecken. Auf 4 °C runterkühlen, bei Bedarf die Brotscheiben dünn einstreichen.

SIMMENTALER RINDERFILET Das Rinderfilet vakuumieren und 50 Minuten im Julabo-Wasserbad bei 57 °C pochieren. Herausnehmen, von allen Seiten kurz anbraten, Fett entfernen und umgehend in die vorbereiteten Brotscheiben einschlagen. In etwas Olivenöl von allen Seiten kurz anbraten, bis das Brot kross ist.

SARDINENSTICK Die Sardinen mit dem Essig und Maldon Sea Salt kurz marinieren. Gut abtupfen, dann mit Tempuramehl bestäuben. Jedes Doppelfilet dekorativ um einen Spieß wickeln, fixieren und in tiefem Erdnussöl bei 150 °C kurz frittieren.

EI-SAUCE Den Weißwein mit den fein gewürfelten Schalotten sowie den Kräutern bis auf ein Minimum reduzieren. Passieren und Rinderfond zugeben. Sauce mit den Eigelben in einer Schlagschüssel im Wasserbad aufschlagen. Würzig abschmecken und das Emulzoon mit dem Zauberstab montieren. Die Butter auflösen und mit dem Olivenöl in die Eimasse emulgieren. Einen Spritzer Zitronensaft zugeben. In einen ISI-Sprayer geben, begasen und bei 60 °C im Wasserbad warm stellen. Bei Bedarf in das gewünschte Gefäß sprayen.

TOPINAMBURGEMÜSE Die Topinambur schälen und in Würfel von 5 x 5 Millimeter schneiden. Kurz in Salzwasser blanchieren. In der Butter glasieren, würzig abschmecken, dann die Radicchio-Julienne unterschwenken.

FERTIGSTELLUNG Das Gemüse anrichten. Das Filet darauf platzieren und mit dem reduzierten Kalbsjus umgießen. Mit den Green Peez Sprossen garnieren. Die Ei-Sauce abfüllen, Sardinenstick platzieren und servieren.

EI-SAUCE

50 ML	WEISSWEIN
2	IN WÜRFEL GESCHNITTENE SCHALOTTEN
10	PFEFFERKÖRNER
1	ZWEIG ROSMARIN
2	LORBEERBLÄTTER
150 ML	KRÄFTIG REDUZIERTER RINDERFOND
3	EIGELB
1	GESTRICHENER PORTIONSLÖFFEL EMULZOON
40 G	BUTTER
100 ML	OLIVENÖL
1	SPRITZER ZITRONENSAFT

TOPINAMBURGEMÜSE

200 G	TOPINAMBUR
30 G	BUTTER
40 G	RADICCHIO-JULIENNE

FERTIGSTELLUNG

100 ML	REDUZIERTE KALBSJUS
	GREEN PEEZ SPROSSEN

SCHELLFISCH, MANDELEIS, TOMATE, ESTRAGON

SCHELLFISCH Schellfisch mit Olivenöl soft vakuumieren. Bei 56 °C im Julabo-Wasserbad 15 Minuten pochieren. Herausnehmen, mit einem Bunsenbrenner die Haut rösten und danach salzen.

TOMATE Konfierte Tomaten sowie Tomatenconcassée in Butter und Olivenöl leicht sautieren und würzig abschmecken.

GEBRATENES MANDELÖL Das Mandelöl mit dem Olivenöl vermengen und in das Malto einrühren. In einer beschichteten Pfanne leicht anbraten.

VINAIGRETTE Aus Olivenöl, Malzessig und Fischfond eine Vinaigrette rühren. Würzig mit Salz abschmecken.

MANDELEIS Sahne aufkochen, den Bacalao sowie die Crème fraîche zugeben, kurz ziehen lassen und fein pürieren. Nochmals aufkochen und auf die mit Trehalose-Zucker aufgeschlagenen Eigelbe geben. Zur Rose abziehen, mit Limonensaft abschmecken, passieren und auskühlen lassen. Xanthan, Mandelöl sowie geröstete Mandeln unterrühren. In der Eismaschine gefrieren. Bei Bedarf mit einem Esslöffel Nocken abdrehen.

TOMATENGELEE Die Tomaten mit der Brühe und dem gewolften Klärfleisch vermengen. Die Gemüsewürfel, das angeschlagene Eiweiß, Kräuter sowie Sojasauce zugeben und die Brühe unter Rühren einmal aufkochen lassen. 30 Minuten simmern lassen, dann durch ein Tuch passieren. Die Essenz auf 400 Milliliter reduzieren und würzig abschmecken. Kurz abkühlen lassen und mit dem Agazoon montieren. Einmal aufkochen lassen. In kleine Silpat-Formen gießen und auskühlen lassen. Bei Bedarf unter dem Salamander erwärmen.

FERTIGSTELLUNG Das Schellfischfilet auf dem gebratenen Mandelöl platzieren und mit den Tomaten belegen. Mit der Vinaigrette umgießen. Das warme Tomatengelee arrangieren. Das Mandeleis anrichten und mit dem Estragon garnieren. Sofort servieren.

SCHELLFISCH

4	STÜCKE SCHELLFISCH À 40 G
40 ML	OLIVENÖL

TOMATE

30 G	KONFIERTE TOMATEN
40 G	TOMATENCONCASSÉE
20 G	BUTTER
10 ML	OLIVENÖL
	FLEUR DE SEL

GEBRATENES MANDELÖL

20 ML	MANDELÖL VON MONTEGOTTERO
20 ML	OLIVENÖL VON VALDERRAMA ARBEQUINA
20 G	MALTO

VINAIGRETTE

30 ML	OLIVENÖL
10 ML	MALZESSIG
10 ML	FISCHFOND

MANDELEIS

350 G	SAHNE
50 G	BACALAO OHNE HAUT, GUT GEWÄSSERT
150 G	CRÈME FRAÎCHE
10 G	TREHALOSE-ZUCKER
6	EIGELBE
	SAFT EINER LIMONE
1,5 G	XANTHAN
90 ML	MANDELÖL
100 G	GERÖSTETE MANDELSPLITTER

TOMATENGELEE

450 G	TOMATEN
500 ML	TAFELSPITZBRÜHE
100 G	KLÄRFLEISCH
70 G	GEMÜSEWÜRFEL
1	EIWEISS
1	ZWEIG ROSMARIN UND THYMIAN
1 EL	SOJASAUCE
10	GESTRICHENE PORTIONSLÖFFEL AGAZOON

FERTIGSTELLUNG

FRITTIERTE ESTRAGONBLÄTTER

KARPFEN, SCHWARZ-KOHLBLÄTTER, SENFKÖRNER, SCHWEINESCHWARTE

KARPFEN

4	STÜCKE KARPFENFILET À 80 G
40 ML	BIER
40 ML	RAPSÖL DER TEUTOBURGER ÖLMÜHLE
	MALDON SEA SALT
4	STÜCKE KARPFENFILET À 40 G
30 G	BUTTER

SENFLUFT

50 ML	FISCHFOND
50 ML	APFELSAFT
1 EL	SCHARFER DIJONSENF
	FLEUR DE SEL
2	GESTRICHENE PORTIONS-LÖFFEL EMULZOON

FISCHSAUCE

1	GEWÜRFELTE SCHALOTTE
	OLIVENÖL
100 ML	WEISSWEIN
300 ML	FISCHFOND
200 ML	SAHNE
50 ML	NOILLY PRAT

SENFÖL

100 ML	RAPSÖL DER TEUTEBURGER ÖLMÜHLE
40 G	SENFKÖRNER
1	ZWEIG PETERSILIE

GLASIERTE SCHWARZKOHLBLÄTTER

300 G	SCHWARZKOHLBLÄTTER
20 G	AUSGELASSENES SCHINKENFETT
20 G	BUTTER
10 ML	OLIVENÖL
	FLEUR DE SEL

SCHWEINESCHWARTE

50 G	WEICH GEKOCHTE SCHWEINESCHWARTE
50 ML	SCHWEINEFOND
1 MSP.	KUMIN
1	PRISE PIMENTON

FERTIGSTELLUNG

4	JUNGE SAUTIERTE SCHWARZKOHLBLÄTTER
10 G	DIJON SENFKÖRNER

KARPFEN 4 Karpfenstücke à 80 Gramm mit dem Bier und Rapsöl soft in einem Kochbeutel vakuumieren. Bei 56 °C im Julabo-Wasserbad 10 Minuten pochieren und unter dem Salamander kurz gratinieren. Leicht salzen. 4 Karpfenstücke à 40 Gramm in steigender Butter kurz braten und einmal aufschneiden.

SENFLUFT Eine große Schüssel zu $^2/_3$ mit Klarsichtfolie bespannen, darin Fischfond, Apfelsaft, Senf und etwas Fleur de Sel verrühren. Das Emulzoon zugeben und mit dem Mixaufsatz des Zauberstabs montieren, so dass die Masse sehr schaumig wird. Die Senfluft einige Augenblicke stehen lassen, damit die Flüssigkeit sich wieder am Boden der Schüssel sammeln kann, dann mit einem Sieblöffel den Schaum abheben und auf der Speise platzieren.

FISCHSAUCE Die Schalottenwürfel in Olivenöl anschwitzen und mit dem Weißwein ablöschen. Den Fischfond hinzugeben, bis auf ein Minimum reduzieren, anschließend mit der Sahne auffüllen und einmal aufkochen lassen. Mit dem Noilly Prat montieren.

SENFÖL Alle Zutaten im Rotationsverdampfer bei 60 °C Wassertemperatur 40 Minuten rotieren lassen. Passieren und in einem luftdicht verschlossenen Glas lagern.

GLASIERTE SCHWARZKOHLBLÄTTER Die Blätter vom Strunk befreien, waschen, kurz blanchieren, in Eiswasser abschrecken und vorsichtig abtrocknen. In Schinkenfett, Butter und Olivenöl glasieren. Würzig abschmecken.

SCHWEINESCHWARTE Die Schweineschwarte gut von Fleischresten säubern, mit dem Schweinefond und dem Kumin fein kuttern, durch ein feines Sieb streichen, noch warm dünn auf Backmatten streichen. Bei 200 °C im Convectomat kross backen. Bei Bedarf in kleine Segmente brechen und mit dem Pimenton bestreuen.

FERTIGSTELLUNG Die glasierten Schwarzkohlblätter auf dem Teller anrichten, den Karpfen darauf platzieren. Die sautierten Kohlblätter auflegen und dann mit der Schwarte garnieren. Die Senfluft daneben anrichten und die Fischsauce angießen. Mit den Senfkörnern garnieren und mit dem Senföl beträufeln.

SEPIA, LAUCH, OLIVENSAUCE, HASELNUSSMILCH

SEPIA Sepiafilets längs in Scheiben schneiden und beiseite stellen. Die Reste fein würfeln und bei Bedarf kurz mit dem Knoblauch sautieren.

VINAIGRETTE Aus den Zutaten eine Vinaigrette rühren und dann würzig abschmecken.

LAUCH Lauch in Salzwasser (14 Gramm Salz auf 1 Liter Wasser) blanchieren. Zum Servieren mit Butter und Gemüsefond glasieren.

HASELNUSSMILCH Die Milch mit dem Haselnussgeist, dem Salz und dem Xanthazoon montieren. Würzig abschmecken.

OLIVENSAUCE Alle Zutaten gut zusammenmixen und abschmecken.

FERTIGSTELLUNG Den warmen Lauch mit den Sepiastreifen belegen. Mit der Vinaigrette marinieren. Sautierte Sepiawürfel darauf anrichten und mit fein geschnittenen Streifen des Sishoblatts sowie etwas Zitronenabrieb garnieren. Die Haselnussmilch anrichten, Haselnusspaste aufträufeln lassen. Mit der Olivensauce umgießen. Mit Sisho-Kresse und Haselnuss abschließen.

SEPIA

4	SEPIAFILETS
1	KNOBLAUCHZEHE

VINAIGRETTE

20 ML	HELLES LAUCHÖL
10 ML	HASELNUSSÖL VON MONTEGOTTERO
10 ML	QUITTENESSIG
20 ML	GEMÜSEFOND

LAUCH

4	LAUCHSTÜCKE, 8 CM LANG
30 G	BUTTER
50 ML	GEMÜSEFOND

HASELNUSSMILCH

100 ML	BIOMILCH, 3,8 % FETT
1	SPRITZER HASELNUSSGEIST VON DIRKER
	FLEUR DE SEL
1	GESTRICHENER PORTIONSLÖFFEL XANTHAZOON

OLIVENSAUCE

40 G	OLIVEN VON LAKUDIA
60 ML	FISCHFOND
20 ML	OLIVENÖL
1	GESTRICHENER PORTIONSLÖFFEL GUARZOON

FERTIGSTELLUNG

1	FRISCHES SISHOBLATT, GESALZEN UND EINGELEGT
	ABRIEB VON 1/4 LIMONE
10 G	HASELNUSSPASTE VON SOSA
	SISHO-GREEN
	GERÖSTETE GEHOBELTE HASELNÜSSE

SURPRISES

Das Spiel mit den
Widersprüchen zwischen
Schein und Sein oder
mit den aromatischen
und texturellen Wirkungen
ungewöhnlicher Zutaten
kann einem Koch
diebische Freude bereiten.
Also nichts wie rein
ins Vergnügen.

GÄNSELEBER, HUMMER, VANILLESCHAUM, ERBSENSPROSSEN

HUMMER

50 G	GEMÜSEBÜNDCHEN AUS LAUCH, PETERSILIENWURZEL, SELLERIE, FENCHEL UND KAROTTE
1	PRISE KREUZKÜMMEL
1	ATLANTIK-HUMMER

GÄNSESTOPFLEBER

150 G	GÄNSESTOPFLEBER
1,5 G	SALZ
1	SPRITZER CALVADOS
20 ML	SAUTERNES

VANILLESCHAUM

240 ML	REDUZIERTER HUMMERFOND
	MARK VON 2 VANILLESCHOTEN
1	GESTRICHENER PORTIONSLÖFFEL GUARZOON
2	GESTRICHENE PORTIONSLÖFFEL XANTHAZOON
	FLEUR DE SEL
	LIMONENÖL VON AGRIVERDE
110 ML	SAHNE, 33 % FETT

HUMMERSAUCE

1	VANILLESCHOTE
100 ML	HUMMERFOND
1	GESTRICHENER PORTIONSLÖFFEL XANTHAZOON
1 EL	SAURE SAHNE
	ETWAS THAILÄNDISCHES CHILIÖL
	FLEUR DE SEL

VINAIGRETTE

	MARK VON 2 TAHITI-VANILLESCHOTEN
30 ML	FISCHFOND
20 ML	ERSTGEPRESSTES RAPSÖL
10 ML	HELLER BALSAMESSIG
	SALZ

SALAT

50 G	ERBSENSPROSSEN
50 G	ZUCKERSCHOTEN
JE 1/4	GELBE UND ROTE PAPRIKA, GESCHÄLT UND IN FEINE WÜRFEL GESCHNITTEN

FERTIGSTELLUNG

5 G	HUMMER-CORAIL

HUMMER Einen großen Topf mit Wasser aufsetzen, pro Liter Wasser 14 Gramm Salz zugeben und aufkochen lassen. Das Gemüsebündchen und den Kreuzkümmel kurz auskochen lassen. Den Hummer in das sprudelnde Wasser geben und von der Herdplatte nehmen. 30 Sekunden ziehen lassen, dann die Scheren vom Körper lösen. Weitere 3 Minuten im Sud ziehen lassen, kurz abschrecken und auslösen. Den Hummerschwanz in dünne Scheiben schneiden und auf Klarsichtfolie auslegen. Die Stücke sollen 7 x 9 Zentimeter groß sein. Leicht salzen und kalt stellen.

GÄNSESTOPFLEBER Gänsestopfleber aufbrechen, Sehnen und Blutkanäle entfernen. Die Leberstücke so groß wie möglich lassen. Die Sehnen durchstreichen. Leberstücke salzen. Mit Calvados und Sauternes marinieren. Vakuumieren und zu Rollen von 3 Zentimeter Durchmesser formen. Mindestens 6 Stunden kalt stellen. Bei Bedarf in Segmente von 7 Zentimeter Länge schneiden, mit einem warmen Apfelkernausstecher die Mitte ausstechen und mit dem Hummer ummanteln. Kalt stellen.

VANILLESCHAUM Den Hummerfond mit Vanillemark sowie den Texturgebern Guarzoon und Xanthazoon montieren und mit Fleur de Sel sowie Limonenöl würzig abschmecken. Mit der Sahne versetzen, in einen ISI-Spender geben und 30 Minuten kalt stellen.

HUMMERSAUCE Die Vanilleschote mit dem Hummerfond auf 60 °C erwärmen oder besser im Rotationsverdampfer bei der gleichen Temperatur Aromen übertragen. Passieren und mit dem Xanthazoon binden. Hummersauce mit der sauren Sahne vermengen, mit Chiliöl und Fleur de Sel abschmecken.

VINAIGRETTE Zutaten zu einer Vinaigrette rühren und würzig abschmecken.

SALAT Die Zuckerschoten blanchieren, die Erbsensprossen dazugeben und mit einem Teil der Vinaigrette marinieren. Paprikawürfel dünsten, unterrühren und anrichten.

FERTIGSTELLUNG Auf etwas Salat die Hummer-Gänsestopfleber-Praline anrichten, dann mit dem Vanilleschaum aus dem ISI-Spender füllen und mit der restlichen Vinaigrette beträufeln. Die Hummersauce angießen, mit dem Corail garnieren und servieren.

STÖR, BRUNNENKRESSE, KAFFEEKAVIAR

STÖR

4	SEGMENTE STÖRFILET À 80 G
	MALDON SEA SALT
30 G	BUTTER

BRUNNENKRESSE-EMULSION

1	BUND BRUNNENKRESSE
100 ML	SONNENBLUMENÖL
	FLEUR DE SEL
20 G	HASELNÜSSE

KAFFEEKAVIAR

20 G	SÜSSER BASILIKUMSAMEN
100 ML	STILLES MINERALWASSER
5 G	LÖSLICHER KAFFEE
1	SPRITZER LIMONENSAFT
16	SCHEIBEN LÄNGS AUFGESCHNITTENER, TRANSPARENTER RETTICH
10 ML	XANTHAN-WASSER
6	KAPUZINERKRESSEBLÜTEN

RETTICHSCHAUM

1	GEWÜRFELTE SCHALOTTE
	OLIVENÖL
100 ML	WEISSWEIN
300 ML	FISCHFOND
200 ML	SAHNE
50 ML	NOILLY PRAT
1 CM	WASABIPASTE

GURKE

1	GURKE
30 G	BUTTER
30 ML	FISCHFOND
1	SPRITZER HELLER BALSAMESSIG
1	PRISE ZUCKER
	FLEUR DE SEL
20 G	TOMATEN-CONCASSÉE

STÖR Den Stör in einen Kochbeutel geben und vakuumieren. Bei 56 °C im Julabo-Wasserbad 14 Minuten pochieren. Kurz in steigender Butter anbraten und mit einem Bunsenbrenner flambieren.

BRUNNENKRESSE-EMULSION Einige Spitzen der Brunnenkresse abzupfen und zur Seite stellen. Die restliche Brunnenkresse abzupfen und blanchieren. Mit den weiteren Zutaten im Thermomix fein pürieren. Würzig abschmecken.

KAFFEEKAVIAR Den Basilikumsamen in das Mineralwasser einrühren und 1 Minute quellen lassen. Passieren und sofort mit dem Kaffee, Salz und etwas Limonensaft marinieren.
8 Rettichstreifen auf eine Breite von 2 Zentimeter schneiden. Mit der Xanthanlösung bestreichen und mit den blanchierten Kapuzinerkresseblättern belegen. Jeden Streifen mit einem zweiten, nicht belegten Streifen abdecken und einrollen, so dass ein Zylinder mit einem Durchmesser von 2 Zentimeter entsteht. Mit dem Kaffeekaviar befüllen und zur Seite stellen.

RETTICHSCHAUM Die Schalottenwürfel in Olivenöl anschwitzen und mit dem Weißwein ablöschen. Den Fischfond hinzugeben und bis auf ein Minimum reduzieren. Anschließend mit der Sahne auffüllen und einmal aufkochen lassen. Mit Noilly Prat und Wasabi montieren und würzig abschmecken.

GURKE Die Gurke schälen, halbieren, entkernen und in Rauten schneiden. In der Butter anschwitzen, leicht salzen und mit dem Fischfond ablöschen. Die Gurken dünsten lassen und mit dem Essig säuern. Mit Zucker und Fleur de Sel würzig abschmecken. Kurz vor dem Anrichten das Tomaten-Concassée unterheben.

FERTIGSTELLUNG Die Gurke und den Kaffeekaviar anrichten. Den Stör auf den Gurken platzieren, mit der Brunnenkresse-Emulsion umgießen und den montierten Rettichschaum anrichten. Mit den Kressespitzen garnieren und den Stör salzen.

KALBSFILET, HUMMERPOREX, PETERSILIENÖL, ERDNUSS

KALBSFILET

400 G	TIROLER KAISERKALBSFILET
1	ZWEIG ROSMARIN
1	ZWEIG THYMIAN
40 ML	OLIVENÖL
100 ML	REDUZIERTER KALBSJUS
4 G	HUMMERCORAIL

HUMMER

2	ATLANTIK-HUMMER
100 G	GEMÜSEBÜNDCHEN AUS LAUCH, PETERSILIENWURZEL, SELLERIE, FENCHEL UND KAROTTE
1	PRISE KREUZKÜMMEL

PETERSILIENÖL

100 G	BLATTPETERSILIE
100 ML	RAPSÖL DER TEUTOBURGER ÖLMÜHLE
1	SPRITZER CHILIÖL

ARTISCHOCKENBÖDEN

8	ARTISCHOCKEN
40 G	BUTTER
20 ML	OLIVENÖL
50 G	BLANCHIERTE KENIA-BOHNEN
30 G	KONFIERTE ROMA-TOMATEN, ZU JULIENNE GESCHNITTEN

KALBSFILET Das Kalbsfilet mit den anderen Zutaten soft vakuumieren. Im Wasserbad 45 Minuten bei 56 °C pochieren. Bei Bedarf herausnehmen und anbraten. Leicht salzen.

HUMMER Einen Topf mit reichlich Salzwasser aufsetzen (14 Gramm Salz pro Liter Wasser) und aufkochen lassen. Das Gemüsebündchen und den Kreuzkümmel darin kurz auskochen lassen. Den Hummer ins sprudelnde Wasser geben, 1 Minute kochen, von der Herdplatte nehmen. Weitere 2 Minuten ziehen lassen, dann die Scheren vom Körper lösen. Weitere 3 Minuten im Sud ziehen lassen. Beide Teile kurz abschrecken, auslösen und säubern. Die Schwänze halbieren. Das restliche Fleisch in Würfel von 4 Millimetern schneiden.

PETERSILIENÖL Die Blattpetersilie zupfen und die Stengel zur Seite stellen. Aus den Blättern und dem Rapsöl eine Emulsion mixen. Mit Salz und Chiliöl abschmecken. 12 Stunden ziehen lassen, dann durch einen Superbag passieren.

ARTISCHOCKENBÖDEN Die Artischocken wie gewohnt putzen, mit den Petersilienstengeln in Wasser legen. Einen Topf mit reichlich Salzwasser aufsetzen (14 Gramm Salz pro Liter Wasser) und aufkochen lassen. Die Böden blanchieren, abschrecken und mit etwas Wasser dünsten. Mit Butter und Olivenöl glasieren. Würzig abschmecken. Die Böden herausnehmen und warm stellen. Die Bohnen, Tomatenjulienne und Hummerwürfel dazugeben. Kurz sautieren und in den Böden anrichten.

ZWIEBELN Die Zwiebeln in reichlich Salzwasser blanchieren, mit etwas Kochfond im Backofen 20 Minuten schmoren lassen. Kräuter und Knoblauch zugeben und nochmals 20 Minuten schmoren lassen. Ausstechen und bei Bedarf im Kalbsjus glasieren.

ERDNUSSMEHL Die Erdnüsse mit den anderen Zutaten in der Zuckermühle zu einem Pulver verarbeiten.

HUMMERPOREX Für diese luftig-leicht getrocknete Hummerzubereitung zunächst zwei Drittel des Hummerfonds in den Tiefkühler stellen. Die eingeweichte und gut ausgedrückte Gelatine bei 40 °C im restlichen Fond auflösen. In einen Mixer geben. Den Fond aus dem Tiefkühler bei einer Temperatur von 0 °C langsam zugeben. Masse etwa 8 Minuten schlagen. In einen Spritzbeutel mit Lochtülle füllen und in Bahnen von 8 Zentimetern spritzen. Das Ingwerpulver darauf streuen und im Dehydrator bei 40 °C mindestens 20 Stunden trocknen lassen. Es soll eine Konsistenz von Extrudaten erhalten.

FERTIGSTELLUNG Die halbierten Hummerschwänze leicht salzen und anrichten. Das Kalbsfilet aufschneiden und auf dem Hummer platzieren. Mit der Hummerporex belegen und dem Corail bestreuen. Die Artischockenböden und Zwiebeln arrangieren. Mit Erdnussmehl bestreuen und mit Petersilienöl umgießen und servieren.

ZWIEBELN

8	GESCHÄLTE BORRETTANE-ZWIEBELN
1	KRÄUTERBÜNDCHEN MIT KNOBLAUCH
40 ML	UNGEBUNDENER KALBSJUS

ERDNUSSMEHL

1 EL	ERDNÜSSE
1 MSP.	PAPRIKA
1 MSP.	INGWER
1 MSP.	STERNANIS
1 MSP.	KURKUMA
1 MSP.	BOCKSHORNKLEE
1 MSP.	LIMONENABRIEB
	ETWAS MUSCOVADOZUCKER
	ETWAS CHILI

HUMMERPOREX

300 ML	KRÄFTIGER ENTFETTETER HUMMERFOND
4	BLATT GELATINE
	INGWERPULVER
	HUMMERCORAIL

STERNRENETTE IN TEXTUREN

EIS

250 G	REDUZIERTER STERNRENETTENSAFT
250 G	SAHNE
100 G	ZUCKER
1 EL	GLUCOSE
	MARK EINER VANILLESCHOTE
1	PRISE MUSKAT
20 ML	CALVADOS
8	EIGELBE
1,5 G	XANTHAN
200 G	CRÈME FRAÎCHE
4	FEIN GERIEBENE STERNRENETTEN
	ETWAS GERÖSTETER MANDELGRIESS
	ETWAS APFELBRUNOISE

PRALINE

1	STERNRENETTE
50 ML	RAPSÖL
1	ZWEIG PETERSILIE
100 G	ISOMALT
10 ML	APFELESSIG
1	TROPFEN APFELESSENZ VON BELL
1	PRISE CAYENNEPFEFFER

TARTE VIRTUELL

200 G	FONDANT
150 G	GLUCOSE
20 ML	APFELESSIG
20 G	BUTTER
50 G	STERNRENETTENCHIPS
20 G	FEIN GEHOBELTE PISTAZIENKERNE

GEBACKEN

1	STERNRENETTE
100 ML	APFELSAFT
½	VANILLESCHOTE
50 ML	WEISSWEIN
20 G	ZUCKER
30 ML	CALVADOS
1	PETERSILIENZWEIG
50 G	KATEIFI-TEIGFÄDEN
	ERDNUSSFETT ZUM FRITTIEREN

EIS Den Apfelsaft mit der Sahne, der Hälfte des Zuckers, Glucose und Vanillemark aufkochen. Die Eigelbe mit dem restlichen Zucker im Thermomix aufschlagen, die Gewürzmilch dazugießen und bis 80 °C erhitzen und zur Rose abziehen. Das Xanthan kurz montieren. Crème fraîche und Apfelpüree unterarbeiten. Die kalte Eismasse in der Eismaschine gefrieren lassen oder im Pacojet wie gewohnt verarbeiten. Bei Bedarf Nocken abdrehen und auf Mandelgrieß anrichten. Mit der Brunoise abschließen.

PRALINE Die Sternrenette in Spalten schneiden, mit dem Rapsöl und dem Petersilienzweig im Rotationsverdampfer bei 60 °C Wassertemperatur 30 Minuten laufen lassen. Die Apfelspalten im Öl auskühlen lassen und passieren. Bis zur Weiterverarbeitung in Gläsern mit Gummidichtung lagern. Bei Bedarf mit der Essenz abschmecken.
Isomalt mit dem Apfelessig so lange verkochen, bis er Blasen wirft. Einen Metallausstecher mit 2 Zentimeter Durchmesser in die etwas abgekühlte Masse so eintauchen, dass ein dünner Film als Boden entsteht. Das Öl mit einer Pipette durch den Metallring auf den Boden geben. Ein Blech untersetzen und direkt nach oben ziehen, so dass sich eine geschlossene Praline bildet. Kurz auskühlen lassen und an einem trockenen Ort lagern. Vor dem Servieren mit dem Cayennepfeffer bestreuen.

TARTE VIRTUELL Fondant und Glucose 3 Minuten kochen lassen und dann mit dem Essig ablöschen. Die Butter dazugeben, auf eine Silpatmatte gießen und auskühlen lassen.
Zur Weiterverarbeitung in einer Zuckermühle fein mahlen und auf eine Silpatmatte sieben. Die Apfelchips in kleine Segmente brechen. Mit den Pistazien auf die Masse geben und unter dem Salamander kurz schmelzen lassen. Bis zur Weiterverarbeitung trocken lagern.

GEBACKEN Den Apfel schälen und mit einem Ausstecher Kugeln herstellen. Den Apfelsaft mit der ausgekratzten Vanilleschote, Weißwein und Zucker einmal aufkochen. Calvados und Petersilienzweig dazugeben und kurz ziehen lassen. Die Apfelkugeln in dem warmen Fond pochieren und auskühlen lassen. Bei Bedarf herausnehmen, die Teigfäden drehen und im tiefen Erdnussfett kurz frittieren. Den Fond für den Salat aufheben.

SALAT Pochierfond mit Xanthazoon montieren und stehen lassen, so dass alle Luftblasen entweichen. Apfelbrunoise und Limonenabrieb unterheben und die Masse eventuell süßen. Von der Masse ein Viertel entnehmen und mit Minzejulienne versetzen. Unter den gebackenen Apfel geben. Den übrigen Salat mit gestoßenem Pfeffer und Thymianblättern verrühren. In ein Glas füllen und mit dem Schaum abschließen.

SCHAUM Einen Teil vom Apfelsaft auf 60 °C erwärmen und den Rosmarinzweig darin ausziehen lassen. Den restlichen Saft mit dem Apfelrieb und der Ascorbinsäure montieren und eventuell etwas nachsüßen. Mit den Texturgebern montieren und in einen ISI-Spender geben. Mit einer Patrone begasen und kurz kalt stellen.

MÜSLI Isomalt mit dem Apfelessig so lange verkochen, bis er Blasen wirft. Einen Metallausstecher mit 2 Zentimeter Durchmesser in die etwas abgekühlte Masse so eintauchen, dass ein dünner Film als Boden entsteht. Direkt hochziehen, so dass ein langer Faden entsteht und nicht reißt. Mit einem Blaseball in die Öffnung Luft eingeben und etwas aufblasen. Am Ring auskühlen lassen. Dann erst mit einem kleinen Brenner vom Ring lösen. Die Chips mit Minzejulienne, Korinthen und Ingwer-Brunoise vermengen. In die Zuckertüte geben und servieren.

FERTIGSTELLUNG Die Komponenten arrangieren und sofort servieren.

SALAT

	POCHIERFOND
1	GESTRICHENER PORTIONSLÖFFEL XANTHAZOON
100 G	STERNRENETTEN-BRUNOISE
	ABRIEB EINER 1/4 LIMONE OHNE FRUCHTWEISS
	EVENTUELL MANNITOL ZUM SÜSSEN
1	ZWEIG MINZE
1	PRISE KUBEBEN-PFEFFER
1	ZWEIG THYMIAN

SCHAUM

250 ML	STERNRENETTENSAFT
1	KLEINER ZWEIG ROSMARIN
100 G	FEIN GERIEBENE STERNRENETTE
1 MSP.	ASCORBINSÄURE
2	GESTRICHENER PORTIONSLÖFFEL XANTHAZOON
1	GESTRICHENER PORTIONSLÖFFEL GUARZOON

MÜSLI

100 G	ISOMALT
10 ML	APFELESSIG
50 G	STERNRENETTENCHIPS
2	ZWEIGE MINZE
1 TL	FEIN GEHACKTE KORINTHEN
5 G	FEINSTE INGWER-BRUNOISE

KARTOFFELN, SCHALOTTEN-KROKANT, TRÜFFELGELEE

KARTOFFELN Eine Cocotte buttern und die Kartoffelsegmente nebeneinander darin platzieren. Salzen. Die Karottensegmente mit der angedrückten Knoblauchzehe und dem Majoran dazugeben. Den Geflügelfond einmal aufkochen und leicht mit der Kartoffelstärke binden. Zusammen mit dem Olivenöl über die Kartoffeln gießen und mit einem Deckel bei 150 °C im Backofen ohne Farbe garen. Währenddessen mehrmals umdrehen und die Kartoffeln dabei leicht glasieren.

SCHALOTTENKROKANT Die Schalotte in dem Olivenöl anschwitzen, leicht salzen und den Thymian dazugeben. Leicht dünsten, ohne dass die Schalotten Farbe nehmen. Wenn die Schalotten gar sind, mit Malto vermengen. Kurz rösten und zur Seite stellen.

TRÜFFELGELEE Den Kalbsfond mit dem Trüffelsaft und Iota verquirlen. Einmal aufkochen lassen, würzig abschmecken und etwas abschäumen. Die Trüffel unterheben und auf ein gewärmtes Kunststofftablett dünn aufgießen. Kurz bei Zimmertemperatur stocken lassen und dann erst in die Kühlung stellen.

KARTOFFELNESTER Kartoffel und Trüffel in feinste Julienne schneiden, mischen und in tiefem Fett kross ausbacken. Sofort zu kleinen Nestern formen und auf ein Tuch setzen.

VINAIGRETTE Aus Traubenkernöl, Trüffelsaft und Malzessig eine Vinaigrette rühren und abschmecken.

FERTIGSTELLUNG Das Trüffelgelee in Streifen von 10 x 15 Zentimeter schneiden. Die Kartoffeln anrichten und mit dem Gelee belegen. Unter dem Salamander kurz erwärmen und dann mit den Kartoffelnestern anrichten. Die Nester mit Pimenton bestreuen. Zuletzt mit der Vinaigrette, Schalottenkrokant und Sisho-Kresse arrangieren.

KARTOFFELN

20 G	BUTTER
8	KARTOFFELSEGMENTE 5 X 8 X 1 CM AUS MEHLIG KOCHENDEN KARTOFFELN, Z. B. SORTE AGRIA
	FLEUR DE SEL
1	KLEINE KAROTTE IN SEGMENTE GESCHNITTEN
1	KLEINE KNOBLAUCHZEHE
1	ZWEIG MAJORAN
200 ML	GEFLÜGELFOND
	ETWAS ANGERÜHRTE KARTOFFELSTÄRKE
10 ML	OLIVENÖL VON LAKUDIA

SCHALOTTENKROKANT

2	SCHALOTTEN, IN FEINE WÜRFEL GESCHNITTEN
1 EL	OLIVENÖL
1	ZWEIG THYMIAN
1 EL	MALTO

TRÜFFELGELEE

200 ML	REDUZIERTER KALBSFOND
100 ML	TRÜFFELSAFT VOM WINTERTRÜFFEL
6 G	IOTA
2 EL	IN FEINSTE WÜRFEL GESCHNITTENE WINTER-TRÜFFEL

KARTOFFELNESTER

1	GESCHÄLTE KARTOFFEL
1	WINTERTRÜFFEL

VINAIGRETTE

2 EL	TRAUBENKERNÖL VON FARGANO
	ETWAS TRÜFFELSAFT
1 TL	MALZESSIG
	ETWAS SALZ

FERTIGSTELLUNG

	SISHO-KRESSE ALS GARNITUR
	ETWAS GERÄUCHERTER PIMENTON, MITTELSCHARF

STICKSTOFF KOCHEN UND FUMETKATION

Kryogene Zubereitungen aus Stickstoff können mehr als nur Spektakel sein, wenn die Technik zur Erzeugung eines kulinarischen Mehrwerts genutzt wird – zum Beispiel um Grieß aus hochwertigen Ölen herzustellen.
Und die Einsatzmöglichkeiten für das Räuchern sind wahrlich nicht nur auf Schinken beschränkt.

BRETONISCHE MAKRELE, MEERWASSER-ESPUMA, HEISSER SÜSSKARTOFFELSAFT, TRAUBENKERNÖLGRIESS

MEERWASSER-ESPUMA

450 ML	LEICHTER FISCHFOND
5 G	MEERWASSER-GRANULAT VON LE FOOD ALCHIMIST
2	BLATT GELATINE, IN KALTEM WASSER EINGEWEICHT
30 ML	OLIVENÖL
2 G	FLEUR DE SEL
1	SPRITZER LIMONENSAFT
	ETWAS DUCCA

TRAUBENKERNÖLGRIESS

50 ML	TRAUBENKERNÖL VON FARGANO
300 ML	FLÜSSIGER STICKSTOFF

SÜSSKARTOFFELSAFT

300 G	SÜSSKARTOFFELN
1 MSP.	ASCORBINSÄURE
20 G	BUTTER AUS BÜFFELMILCH
3 G	CUMIN
	ETWAS CHILIÖL AUS THAILAND
	ETWAS LIMONENÖL VON AGRIVERDE
	FLEUR DE SEL
20 G	METILWASSER

BRETONISCHE MAKRELE

4	FILETS VON BRETONISCHEN MAKRELEN
	ETWAS TEMPURAMEHL
	ETWAS MALDON SEA SALT

FERTIGSTELLUNG

	KÜRBISKERNMARK VON SOSA
	EINIGE SÜSSKARTOFFEL-CHIPS
	AFFILLA CRESS ZUM GARNIEREN

MEERWASSER-ESPUMA Einen Teil des Fischfonds erwärmen und das Meerwassergranulat darin auflösen. Die Gelatine in die noch warme Masse geben und ebenfalls auflösen. Den restlichen kalten Fond dazugeben und mit den anderen Zutaten vermengen. Würzig abschmecken und in einen Espumabehälter geben. Sofort mit einer Patrone begasen und für mindestens 2 Stunden kalt stellen. Bei Bedarf eine weitere Patrone dazugeben und verwenden.

TRAUBENKERNÖLGRIESS Das Traubenkernöl in einen ISI-Espumabehälter geben und begasen. Den flüssigen Stickstoff in eine Sauteuse gießen. Das Öl direkt in den Stickstoff sprühen und den Stickstoff verkochen lassen. Bis zur weiteren Verwendung einfrieren.

SÜSSKARTOFFELSAFT Die Süßkartoffeln entsaften und mit der Ascorbinsäure versetzen. Den Saft aufkochen, mit den weiteren Zutaten abschmecken, montieren und zur Seite stellen. Die Süßkartoffel-Maische mit Fleur de Sel kräftig würzen und mit dem Metilwasser binden. Bei Bedarf zu kleinen Paketen formen und ohne Farbe anbraten. Bei 60 °C warm stellen.

BRETONISCHE MAKRELE Die Makrelenfilets zuschneiden und mit dem Tempuramehl bestäuben. In einer Pfanne auf der Hautseite anbraten und kurz weitergaren. Nur einmal wenden, leicht salzen und sofort anrichten.

FERTIGSTELLUNG Auf einem Teller das Kürbiskernmark aufbringen. Die Filets auf dem Kartoffelpuffer arrangieren und mit den Chips garnieren. Den heißen Süßkartoffelsaft aufschäumen und anrichten. Den Espuma dressieren, mit Ducca bestreuen und sofort servieren. Den Traubenkernölgrieß am besten am Tisch des Gastes anrichten oder auf einem geeistem Löffel anrichten, mit der Kresse garnieren und zur Speise legen.

Dem Gast soll kommuniziert werden, wie die Speise zu genießen ist:

1. Ölgrieß auf den Fisch geben
2. den Löffel in die heiße Suppe geben und wie gewohnt beginnen.

KAISERGRANAT IM SALZMANTEL UMGEKEHRT, GERÄUCHERTE KAROTTEN

SALZ-ÖL Das Olivenöl in einen ISI-Sprayer geben und begasen. Ein entsprechend großes Gefäß mit dem Stickstoff füllen und das Olivenöl aus 20 Zentimeter Abstand in den Stickstoff sprühen. Durch ein Sieb gießen, das Salz 1 Minute darin kochen lassen. Das Salz mit dem Olivenöl vermengen und den Thymian zugeben. Im Tiefkühler aufbewahren und bei Bedarf nochmals kurz im Stickstoff temperieren.

KAROTTEN Alle Zutaten vorsichtig vermengen und abschmecken.

RÄUCHERKUGEL UND RAUCH Karottensaft, Essig, Honig und Vodka miteinander mixen und mit Cumin würzig abschmecken. Stehen lassen, bis alle Luftblasen entwichen sind. In große Spritzen füllen und in die Luftballons füllen. Ballons etwas aufblasen, verschließen und im Stickstoff so lange drehen, bis eine Hohlkugel entstanden ist. Aus dem Ballon lösen und einfrieren. Mit einem Crème-brûlée-Brenner ein Loch in die Kugel brennen. Eine Elektropfeife mit Korianderblättern, zerstoßenen Korianderkörnern und Buchenmehl füllen. Anbrennen und den Rauch in die Öffnung geben. So umgibt Kälte den Rauch. Der Rauch steigt nicht auf, sondern sinkt zum Teller herunter.

FERTIGSTELLUNG Die Karotten anrichten. Die Kugel oberhalb platzieren. Die Kaisergranat in dem Salz-Öl-Gemisch 1 Minute garen und wieder herausnehmen und platzieren.

TIPP Salz-Öl erst vom Service auflegen lassen.

SALZ-ÖL

100 ML	OLIVENÖL
1 L	STICKSTOFF
200 G	GEMMA DI MARE (MEERSALZ)
1	ZWEIG THYMIAN

KAROTTEN

100 G	KAROTTENJULIENNE
10 G	FEIN GESCHNITTENE KORIANDERBLÄTTER
	ZERSTOSSENE KORIANDERKÖRNER
20 ML	REISESSIG
10 ML	SESAMÖL

RÄUCHERKUGEL UND RAUCH

200 ML	KAROTTENSAFT
20 ML	HELLEN BALSAMESSIG
2 EL	HONIG
20 ML	OVAL VODKA 24
	ETWAS CUMIN
4	LUFTBALLONS
1 L	STICKSTOFF
	TROCKENE KORIANDERBLÄTTER
	ZERSTOSSENE KORIANDERKÖRNER
	BUCHENMEHL

FERTIGSTELLUNG

4	KAISERGRANAT, KÜCHENFERTIG VORBEREITET

GERÄUCHERTER TUNFISCH, HEISSES RETTICHGELEE, INGWER, SOJAKAVIAR

TUNFISCH

12	SCHEIBEN TUNFISCH 5 x 8 x 0,4 CM, SUSHIQUALITÄT

RETTICHGELEE

200 ML	REDUZIERTER FISCHFOND
5	GESTRICHENER PORTIONSLÖFFEL AGAZOON
10 G	SPINATMATTE
5 G	WASABI
	ETWAS YUZU ZUM SÄUERN

MARINADE

30 ML	MIRIN
30 ML	FISCHFOND
20 ML	LIMONENÖL VON AGRIVERDE
	HIMALAJA-SALZ
10 ML	REISESSIG
10 ML	INGWERSAFT
10 G	FEINSTE INGWERWÜRFEL

SOJAKAVIAR

30 G	BASILIKUMSAMEN
100 ML	MINERALWASSER
50 ML	SOJASAUCE VON KIKKOMAN
	ETWAS LIMONENÖL VON AGRIVERDE
	ETWAS LIMONENABRIEB

FERTIGSTELLUNG

100 G	RETTICH, FEIN GEHOBELT UND IN EISWASSER GELAGERT
10 G	BONITOFLOCKEN
	ESSBARE BLÜTEN ALS GARNITUR
	ERBSENSPROSSEN ALS GARNITUR
5 G	GRÜNER TEE VON KEIKO

RETTICHGELEE Den Fischfond mit den Zutaten verrühren und einmal aufkochen lassen. Abschäumen und passieren. In ein Gefäß 0,8 Zentimeter hoch eingießen und im Kühlschrank gelieren lassen. Bei Bedarf in Würfel schneiden und für 20 Minuten bei 80 °C warm stellen.

MARINADE Aus Mirin, Fischfond, Limonenöl und Salz eine Marinade rühren. Mit den weiteren Zutaten würzig abschmecken und zur Seite stellen.

SOJAKAVIAR
Den Basilikumsamen in dem Mineralwasser unterrühren und 1 Minute quellen lassen. Passieren und sofort mit der Sojasauce, Salz, Abrieb und etwas Limonenöl marinieren. Zur weiteren Verarbeitung zur Seite stellen.

FERTIGSTELLUNG Tunfisch in eine Petrischale geben, leicht salzen, mit dem fein gehobeltem Rettich belegen und mit Bonitoflocken bestreuen. Mit den Blüten und Sprossen arrangieren. Mit einem Teil der Marinade beträufeln. Das Rettichgelee anrichten und mit dem Sojakaviar garnieren. Die restliche Marinade über das Gericht geben.

In einer Elektropfeife den grünen Tee anbrennen und sofort unter den Deckel der Petrischale leiten. Sofort servieren und erst am Tisch den Deckel lüften.

ASSEMBLAGE TEXTUREN

Viel hilft viel –
jedenfalls manchmal.
Beim durchdachten
Einsatz unterschiedlicher
Texturgeber in ein und
derselben Zubereitung
können jedenfalls
sensorisch außer-
gewöhnliche Ergebnisse
produziert werden.

ROTBARBE, FENCHELBOUILLON, KALBSJUS, SAUTERNES

ROTBARBE

2	BRETONISCHE ROTBARBEN
	ETWAS OLIVENÖL

FENCHELBOUILLON

500 ML	KRUSTENTIERFOND
1	ZWEIG ROSMARIN
1	ZWEIG THYMIAN
1	ANGEDRÜCKTE KNOBLAUCHZEHE
1 G	SAFRAN
2	GESTRICHENE PORTIONS-LÖFFEL XANTHAZOON
80 G	KNACKIG BLANCHIERTE GEMÜSEWÜRFEL AUS LAUCH, SELLERIE UND KAROTTE
40 G	PAPRIKAWÜRFEL, IN ETWAS OLIVENÖL UND KNOBLAUCH GEDÜNSTET
100 G	KONFIERTE GARNELEN IN WÜRFELN VON 0,5 X 0,5 CM
50 G	VENUSMUSCHELFLEISCH
	ETWAS HELLEN BALSAMESSIG
1	FENCHELKNOLLE
	ETWAS ABSINTH VON TABU, 52 %-VOL.
	ETWAS BUTTER

SAUTERNES-WÜRFEL

100 ML	SAUTERNES
10 ML	SPANISCHER ESSIG
1,5 G	GELLAN

FERTIGSTELLUNG

	SPEISESTÄRKE
40 ML	KRÄFTIG REDUZIERTE KALBSJUS
	ABRIEB EINER 1/2 LIMONE

ROTBARBE Die Rotbarben filetieren und zurechtschneiden. Mit etwas Olivenöl beträufeln und zur Seite stellen.

FENCHELBOUILLON 200 Milliliter des Krustentierfonds auf 80 °C erhitzen, Rosmarin, Thymian sowie Knoblauch 20 Minuten darin ausziehen lassen. Passieren, den Safran zugeben und bei Bedarf mit dem Xanthazoon binden. Würzig abschmecken. Die Gemüse- sowie Paprikawürfel zugeben, die konfierten Garnelen sowie das klein geschnittene Venusmuschelfleisch unterheben und alles mit etwas hellem Balsamessig abschmecken.
Den Fenchel in 4 gleich große Segmente schneiden, die Abschnitte in dem restlichen Fond garen. Mit etwas Absinth parfümieren. Nach dem Garen passieren und in den gebundenen Fond geben. Die großen Fenchelsegmente mit dem Fond in einen Kochbeutel geben und leicht vakuumieren. Bei 67 °C im Julabo-Wasserbad 50 Minuten garen, dann im Eiswasser abschrecken. Mit dem Fond und etwas Butter bei Bedarf glasieren.

SAUTERNES-WÜRFEL Den Sauternes mit dem Essig vermengen und das Gellan montieren. Einmal auf 80 °C erhitzen und in eine Glasform geben. Kalt stellen und bei Bedarf in Würfel von 0,5 x 0,5 Zentimeter schneiden.

FERTIGSTELLUNG Die Rotbarbe auf der Hautseite mit Speisestärke bestäuben und in Olivenöl kross braten. Nur einmal wenden und ziehen lassen. Die Fenchelbouillon in einen tiefen Teller geben. Die Fenchelsegmente anrichten. Mit der Rotbarbe arrangieren und mit einem Strich kräftig reduziertem Kalbsjus versehen. Darauf die warmen Sauternes-Würfel platzieren und mit dem Limonenabrieb garnieren.

LACHS, HEISSES APFELGELEE, CURRYSABAYON

LACHS Den Lachs auf ein geöltes Backblech geben und bei 60 °C etwa 14 Minuten garen. Mit etwas Limonenöl beträufeln und salzen.

CURRY-SABAYON Den Fischfond mit der Currypaste montieren und etwas stehen lassen. Mit Ananassaft, Yuzu und einer Prise Salz abschmecken. Mit Guarzoon und Xanthazoon mischen, in einen ISI-Siphon mit 0,5 Liter Fassungsvermögen geben und mit einer Patrone begasen. Bei 60 °C warm stellen.

LACHS

4	SEGMENTE LACHS À 60 G
	ETWAS LIMONENÖL VON AGRIVERDE
	MALDON SEA SALT

CURRY-SABAYON

300 ML	WÜRZIGER FISCHFOND
4 G	GELBE THAI-CURRYPASTE
50 ML	ANANASSAFT
	ETWAS YUZU (ASIATISCHE ZITRONENSÄURE)
1	GESTRICHENER PORTIONS-LÖFFEL GUARZOON
2	GESTRICHENE PORTIONS-LÖFFEL XANTHAZOON

APFELGELEE

200 ML	APFELSAFT
5	GESTRICHENE PORTIONS-LÖFFEL AGAZOON
20 ML	CALVADOS
1	GRANNY SMITH
5	ZERSTOSSENE KÖRNER KUBEBEN-PFEFFER
1	ZWEIG THYMIAN

AVOCADO

1	BIO-AVOCADO
1 TL	LIMONENÖL VON AGRIVERDE
1	SPRITZER WALNUSSÖL
	ETWAS CHILIÖL

FERTIGSTELLUNG

	TAPIOKANUDELN, IN ERDNUSSÖL FRITTIERT
	LIMONENABRIEB
	ROCK CHIVES

APFELGELEE Den Apfelsaft mit dem Agazoon verrühren und einmal aufkochen. Mit dem Calvados parfümieren und abschäumen. Gelee in Silpatformen geben und kalt stellen. Bei Bedarf herausnehmen und in Würfel von 8 x 8 Millimeter schneiden.
Den Apfel schälen und in Würfel von 5 x 5 Millimeter schneiden. Mit Pfeffer und Thymian in einen Vakuumbeutel geben und fest vakuumieren. Mindestens 2 Stunden kalt stellen und bei Bedarf entnehmen.

AVOCADO Die Avocado schälen, achteln, ein Achtel zur Seite stellen, den Rest im Kutter mit den Ölen kurz mixen. Salzen und zu kleinen Nocken drehen. Bei Bedarf vom Avocadoachtel feine Spalten abschneiden.

FERTIGSTELLUNG Den Lachs gratinieren, anrichten und mit dem Sabayon dressieren. Das Apfelgelee unter dem Salamander kurz erwärmen und mit den Apfelwürfeln anrichten. Die Avocado-Nocke mit den Spalten platzieren und mit der Kresse garnieren. Die gut abgetrockneten Tapiokanudeln mit dem Limonenabrieb versehen und auf dem Lachsmedaillon anrichten.

PASSIONSFRUCHTSABAYON, HIMBEERKAVIAR, SALBEI

PASSIONSFRUCHTSABAYON

175 G	PASSIONSFRUCHTMARK VON BOIRON
80 G	ZUCKER
	MARK EINER ½ VANILLESCHOTE
2	GESTRICHENE PORTIONSLÖFFEL XANTHAZOON
25 G	CELLUZOON-LÖSUNG
10 G	PASSIONSFRUCHTKERNE

HIMBEEREIS

200 G	SAHNE
300 ML	HIMBEERPÜREE VON BOIRON
80 G	ZUCKER
120 G	EIGELB (6 ST.)
	SAFT EINER LIMONE
150 G	CRÈME FRAÎCHE
2 G	XANTHAN

HIMBEERSPHÄREN

300 G	HIMBEEREN
20 G	ZUCKER
	SAFT EINER ½ LIMONE
1	GESTRICHENER PORTIONSLÖFFEL CALAZOON
1	GESTRICHENER PORTIONSLÖFFEL XANTHAZOON
2,5 G	ALGINAT
300 ML	WASSER
200 ML	HIMBEERSAFT

SALBEI

SALBEIBLÄTTER

ERDNUSSÖL

HIMBEERKAVIAR

100 G	HIMBEEREN
300 ML	FLÜSSIGER STICKSTOFF

FERTIGSTELLUNG

MANDELGRIESS

PASSIONSFRUCHTSABAYON Das Fruchtmark mit dem Zucker montieren und dem Vanillemark abschmecken. Mit dem Xanthazoon und der Celluzoon-Lösung mischen. In eine Servierform geben und dann bei 600 Watt in der Mikrowelle 20 Sekunden zubereiten. Mit den Passionsfruchtkernen garnieren.

HIMBEEREIS Die Sahne aufkochen, das Himbeerpüree zugeben. Auf die mit Zucker aufgeschlagenen Eigelb geben. Zur Rose abziehen, mit Limone abschmecken, passieren und auskühlen lassen. Crème Fraîche sowie Xanthan unterrühren. In der Eismaschine gefrieren. Bei Bedarf mit einem Esslöffel Nocken abdrehen.

HIMBEERSPHÄREN Die Himbeeren zuckern und kurz mit dem Limonensaft vakuumieren. In einen Superbag geben und den austretenden Saft auffangen. Mit dem Calazoon montieren und dem Xanthazoon binden. So lange stehen lassen, bis alle Luftblasen aus der Masse gewichen sind. Das Alginat mit dem Wasser und Himbeersaft montieren. Am besten über Nacht stehen lassen oder einmal vakuumieren. Mit einem Portionslöffel die Himbeermasse in das Alginatbad geben und 2 Minuten kochen lassen. Herausnehmen und in Wasser spülen. Als Mise en place werden diese Ravioli am besten in Himbeersaft gelagert.

SALBEI Salbeiblätter in tiefem Erdnussöl frittieren, bis sie knusprig sind.

HIMBEERKAVIAR Himbeeren in flüssigem Stickstoff kochen, bis sie mattweiß sind. Herausnehmen und dann zwischen Backpapier mit einem schweren Gegenstand zerdrücken.

FERTIGSTELLUNG Himbeereis auf dem Mandelgrieß anrichten und dann mit den anderen Komponenten arrangieren. Den Himbeerkaviar vor dem Servieren 2 Minuten antauen lassen.

WIENER MELANGE IN FACETTEN

KAFFEGELEE Alle Zutaten zusammen erhitzen und dann gut verrühren. Abschäumen, sofort auf ein vorgewärmtes Kunststofftablett gießen und erkalten lassen. In Segmente von 7 x 10 Zentimeter schneiden.

SAUERRAHM Die Milch mit der Vanille (ausgekratzes Mark sowie Schote) erhitzen. Den Zucker sowie die Gelatine darin auflösen. Die Schote entnehmen und den Sauerrahm montieren. Leicht gelieren lassen, nochmals aufschlagen, Zitronensaft zugeben und die Sahne unterheben. In einen Spritzbeutel mit Lochtülle geben und auf die Milchmousse-Segmente dressieren. Einrollen und kalt stellen.

KAFFEEGRANITÉ Alle Zutaten miteinander vermengen und auf einem flachen Blech einfrieren. Gelegentlich die Eiskristalle lösen und wieder frieren. Auf einer Schale anrichten und servieren.

KAFFEEAUFGUSS Die Zutaten miteinander vermengen und dann aufkochen. In Gläser abfüllen.

MILCHSCHAUM Zucker in der Milch auflösen und das Vanillemark dazugeben. Das Xanthazoon montieren. In einen ISI-Sprayer geben und kalt stellen. Bei Bedarf auf den heißen Kaffeeaufguss geben.

ISOMALTZUCKER Isomalt schmelzen. Glucose, Weinsäure, Wasser und Fizzy untermischen. Die Pinienkerne sowie die Berberitzen einarbeiten. Masse auf eine Silpatmatte gießen und so lange ziehen lassen, bis die Masse einen schönen Glanz hat. Dann kleine Stangen formen und vollständig auskühlen lassen. Die Reste des Isomaltzuckers in einem Mixer zerkleinern und zur Tellerdeko verwenden.

KAFFEEGELEE

400 ML	WASSER
80 G	ZUCKER
15 G	KAKAOPULVER
10 G	KAFFEEPASTE VON SOSA
25 G	VEGETARISCHE GELATINE VON SOSA

SAUERRAHM

100 ML	MILCH
1	TAHITI-VANILLESCHOTE
60 G	ZUCKER
1,5	EINGEWEICHTE BLATT GELATINE
100 G	SAURE SAHNE
1	SPRITZER ZITRONENSAFT
80 G	GESCHLAGENE SAHNE

KAFFEEGRANITÉ

200 ML	KRÄFTIGER KAFFEE
100 ML	LÄUTERZUCKER
20 ML	KAHLÚA (KAFFEELIKÖR)

KAFFEEAUFGUSS

250 ML	KRÄFTIGER KAFFEE
40 G	MUSCOVADOZUCKER, DARK
2	GESTRICHENE PORTIONSLÖFFEL IOTAZOON

MILCHSCHAUM

50 G	ZUCKER
200 ML	MILCH 3,8 % FETT
	MARK EINER TAHITI-VANILLESCHOTE
2	GESTRICHENE PORTIONSLÖFFEL XANTHAZOON

ISOMALTZUCKER

300 G	ISOMALT
50 G	GLUCOSE
5	TROPFEN WEINSÄURE
16 G	WASSER
5 G	FIZZY, FEIN GEMÖRSERT (SPRUDELMITTEL VON TEXTURAS)
60 G	GERÖSTETE PINIENKERNE
60 G	BERBERITZEN

GARNITUR

	MUSCOVADOZUCKER, BROWN
	GERÖSTETE UND GEHACKTE PINIENKERNE

KAISERGRANAT,
ZUCCHINI IN WASSER FRITTIERT

Die Zutaten für den Dipp fein mixen und abschmecken. Er soll leicht scharf sein sowie gesäuert und nach Koriandergrün schmecken.

Den Zucker mit dem Wasser auflösen und aufkochen. Bei Bedarf die Spieße darin 1 Minute kochen lassen.

Mit Salz und Pfeffer bestreuen und mit der Sauce nappieren.

TIPP Hier ist auch der Einsatz anderer Fonds als Basis möglich, um den Eigengeschmack des Produktes zu heben.

Ich setze die Methode als Tischfondue und Live Cooking Action an Buffets ein.

KAISERGRANAT UND ZUCCHINI

12	KAISERGRANATSCHWÄNZE
24	SCHEIBEN ZUCCHINI
	ETWAS BOHNENKRAUT
	ZERSTOSSENER TASMANISCHER PFEFFER
150 ML	WASSER
400 G	TREHALOSE-ZUCKER

DIPP

50 G	GRÜNE MANDELKERNE
100 G	FISCHFOND
5	KORIANDERKÖRNER
20	KORIANDERBLÄTTER
5 G	SPINATMATTE
1	ERBSENGROSSES STÜCK MARZIPAN
50 ML	REISESSIG
1	SPRITZER CHILIÖL
1	SPRITZER SESAMÖL
1	SPRITZER SOJASAUCE
	FLEUR DE SEL
	MALDON SEA SALT

FALSCHER RISOTTO, SKREI, CHORIZO, KUTTELN

FALSCHER RISOTTO Das Parmesanwasser mit der Alginat-Stammlösung montieren und die Luftblasen entweichen lassen. In eine Flasche mit kleiner Öffnung füllen (max. 2 Millimeter groß). Calazoon in 300 ml Wasser auflösen und in eine flache Schale geben. Die Parmesanmasse in großen Schleifen in die Schale spritzen und gelieren lassen. Die Bänder sollen durchgeliert sein. Herausnehmen und in klarem Wasser spülen. Auf einem feuchten Brett schräg in reiskorngroße Segmente schneiden und zur Seite stellen. Vor dem Servieren den Fischfond mit dem Limonenöl und dem Limonenabrieb erhitzen und den Reis darin erwärmen. Mit der geschlagenen Sahne und dem Parmesan cremig binden. Würzig abschmecken.

SKREI Den Skrei mit Sahne, Olivenöl und Limonenöl marinieren. Segmente einzeln mit Marinade im Kochbeutel vakuumieren und 12 bis 15 Minuten bei 56 °C pochieren. Herausnehmen und kurz gratinieren. Mit Fleur de Sel würzen.

CHORIZO Den Fischfond im Thermomix auf 60 °C erwärmen, Noilly Prat sowie die in kleine Segmente geschnittenen Chorizos dazugeben. Fein pürieren und durch ein Superbag passieren. Mit dem Sojalecithin vermengen und bei 60 °C mit einem Stabmixer aufschlagen. Etwas stehen lassen, dann den Schaum mit einem Sieblöffel abschöpfen.

KUTTELN Die Kutteln kurz in Salzwasser blanchieren, dann in der Court-bouillon mit Weißwein aufsetzen. Kutteln einmal aufkochen, danach nur noch simmern lassen. Nach 2/3 der Garzeit die Gewürze und Kräuter dazugeben. Mit einer Gabel den Garpunkt prüfen. Wenn die Kutteln weich sind, herausnehmen und von überschüssigem Fett befreien. In feine Streifen schneiden und im Kalbsjus kurz vor dem Anrichten glasieren. Mit Balsamessig abschmecken.

FERTIGSTELLUNG Die Kutteln anrichten, mit Kalbsjus umgießen. Darauf den Skrei platzieren und mit Chorizoschaum belegen. Auf einem Löffel den Risotto anrichten und mit einem Chorizo-Chip garnieren. Mit dem Pimenton und der Rucola-Kresse garnieren.

FALSCHER RISOTTO

200 ML	PARMESANWASSER
20 G	ALGINAT-STAMMLÖSUNG
20	GESTRICHENE PORTIONSLÖFFEL CALAZOON
100 ML	FISCHFOND
	LIMONENÖL
	ABRIEB VON EINER ½ LIMONENSCHALE
1 EL	GESCHLAGENE SAHNE
5 G	GERIEBENER PARMESAN

SKREI

4	SEGMENTE SKREI À 40 G
40 ML	SAHNE
20 ML	OLIVENÖL VON DAURO
1	SPRITZER LIMONENÖL
	FLEUR DE SEL

CHORIZO

200 ML	FISCHFOND
10 ML	NOILLY PRAT
2	KLEINE WEICHE CHORIZOS
2 G	SOJALECITHIN VON LOUIS FRANCOIS

KUTTELN

1 KG	GEPUTZTE KUTTELN
2 L	COURT-BOUILLON
200 ML	WEISSWEIN
1	KNOBLAUCHZEHE
1	KRÄUTERBÜNDCHEN
10	WEISSE ZERSTOSSENE PFEFFERKÖRNER
200 ML	REDUZIERTER KALBSJUS
	ETWAS DUNKLER BALSAMESSIG

FERTIGSTELLUNG

	CHORIZO-CHIPS
	PIMENTON
	RUCOLA CRESS

QUINOA-RAVIOLI, JAKOBSMUSCHEL, BITTERMELONE, WASSERMELONENSUD

RAVIOLI

100 ML	FISCHFOND
10 ML	NOILLY PRAT
	FLEUR DE SEL
2	GESTRICHENE PORTIONSLÖFFEL XANTHAZOON
2	GESTRICHENE PORTIONSLÖFFEL GUARZOON
100 ML	OLIVENÖL VON VALDERRAMA
1	BLATT EINGEWEICHTE GELATINE
50 G	QUINOA
1	STÜCK INGWER
1	STERNANIS
1	ZWEIG ESTRAGON, FEIN GEHACKT
10 G	SAIBLINGSKAVIAR

BITTERMELONE

1	KLEINE BITTERMELONE
1	SPRITZER THAILÄNDISCHES CHILIÖL
30 G	BUTTER
40 G	KAROTTEN-BRUNOISE

WASSERMELONENSUD

200 ML	WASSERMELONENSAFT
	ETWAS REISESSIG
	ETWAS MUSCOVADOZUCKER
	XANTHAZOON NACH BEDARF

JAKOBSMUSCHELN

4	JAKOBSMUSCHELN
	TEMPURAMEHL
10 ML	OLIVENÖL

FERTIGSTELLUNG

10 ML	HASELNUSSÖL VON MONTEGOTTERO
	GERÖSTETE MELONENKERNE

RAVIOLI Den Fischfond mit Noilly Prat und Fleur de Sel aufkochen. Das Xanthazoon und Guarzoon mit dem Olivenöl mischen und warm stellen. Fischfond langsam zugeben, dann die gut ausgedrückte Gelatine zugeben und auflösen lassen. Die noch warme Masse portionsweise zwischen zwei Silpatmatten dünn ausrollen und kalt stellen. Quadrate mit Seitenlänge 8 Zentimeter schneiden und diese Raviolíblätter auf Klarsichtfolie lagern.
Für die Füllung den Quinoa gut waschen und (am besten im Reiskocher) mit 100 Milliliter Wasser kochen. Gleich zu Beginn salzen und Ingwer sowie Sternanis dazugeben. Die Körner auskühlen lassen, leicht säuern und dann die Gewürze entnehmen. Estragon und Saiblingskaviar unterheben. Auf die vorbereiteten Ravioliblätter geben, zu kleinen Quadraten einschlagen und mit den Kanten nach unten auf einem geölten Blech unter einem Salamander leicht erwärmen.

BITTERMELONE Die Bittermelone in Segmente von 4 x 0,5 x 0,5 Zentimeter schneiden und kurz dämpfen. In einer Pfanne mit den Fetten und der Karotten-Brunoise glasieren. Würzig abschmecken.

WASSERMELONENSUD Den Wassermelonensaft auf 50 °C erwärmen, mit Reisessig und Muscovadozucker abschmecken. Mit etwas Xanthazoon binden und als Spiegel in die Teller gießen.

JAKOBSMUSCHELN Die Jakobsmuscheln mit dem Tempuramehl bestäuben und in Olivenöl kurz von beiden Seiten braten.

FERTIGSTELLUNG Die Jakobsmuschel auf der Bittermelone anrichten. Mit etwas Haselnussöl beträufeln. Den Raviolo anrichten und mit gerösteten Melonenkernen bestreuen.

ROTATIONS-
VERDAMPFUNG

Ein Gerät aus der Labortechnik ermöglicht dem Koch das Vordringen in ganz neue Aromawelten und kann zur Übertragung, Filterung und Extraktion von Aromen eingesetzt werden. Mit dem Rotationsverdampfer lässt sich zum Beispiel der Duft von Kiefernzweigen einfangen und Kirschsaft zu einer intensiv-aromatischen Paste eindampfen.

HASENPFEFFER, KIEFERN-AROMA, KARTOFFELCREME

HASENRÜCKEN

6	JUNGE KIEFERNZWEIGE
2	WACHOLDERBEEREN
3	PIMENTKÖRNER
50 ML	RAPSÖL
1	HASENRÜCKEN
20 G	NUSSBUTTER

KANINCHENGRIESS

200 ML	KRÄFTIGE KANINCHENJUS
50 G	GÄNSELEBERPARFAIT
1 G	XANTHAN
400 ML	STICKSTOFF

KARTOFFELCREME

200 G	GESCHÄLTE KARTOFFELN
1	GESTRICHENER PORTIONSLÖFFEL XANTHAZOON
20 G	BUTTER
100 ML	OLIVENÖL
	FLEUR DE SEL
	MUSKATNUSS

RADICCHIO

1	KOPF WEISSER RADICCHIO
1	FEIN GEWÜRFELTE SCHALOTTE
20 G	BUTTER

KATEIFI-STROH

20 G	BUTTER
10 G	SPECKÖL
60 G	KATEIFI-TEIGFÄDEN

JUS

200 ML	KANINCHENJUS
20 ML	PORTWEIN
1 EL	MANDELÖL VON MONTEGOTTERO
2 G	KAKAOPULVER VON SOSA

FERTIGSTELLUNG

EINIGE GESCHÄLTE UND GEHOBELTE MANDELN

BLAUE KARTOFFELCHIPS ALS GARNITUR

KAKAOPULVER VON SOSA

GEHACKTER TASMANISCHER PFEFFER

HASENRÜCKEN Die Kiefernzweige mit Wacholderbeeren, Piment und Rapsöl in den Rotationsverdampfer geben. 30 Minuten bei 60 °C im Wasser rotieren lassen. Gewürze im Öl abkühlen lassen, passieren und in Gläsern mit Gummidichtung lagern. Den Hasenrücken parieren, mit einem Teil des Öls vakuumieren. 10 Minuten bei 62 °C im Wasserbad pochieren, in steigender Nussbutter anbraten und leicht salzen.

KANINCHENGRIESS Den Kaninchenjus auf 60 °C erwärmen, das Gänseleberparfait untermontieren. Mit dem Xanthan binden und in eine ISI-Espumaflasche geben. Mit 1 Patrone begasen und mit 20 cm Abstand in den flüssigen Stickstoff sprühen. Auf ein Sieb gießen und bei –20 °C lagern. Bei Bedarf entnehmen.

KARTOFFELCREME Die Kartoffeln in gesalzenem Wasser weich kochen. Mit Xanthazoon und 100 Milliliter Kartoffelwasser im Thermomix fein pürieren. Butter und Olivenöl unterrühren, mit Fleur de Sel und Muskatnuss würzig abschmecken.

RADICCHIO Strunk aus dem Radicchio schneiden, Radicchioblätter lauwarm waschen. Schalottenwürfel in Butter dünsten, leicht salzen und den Radicchio kurz darin schwenken.

KATEIFI-STROH Die Butter auflösen und mit dem Specköl verrühren. Die Kateifi-Teigfäden damit einstreichen, auf Silpatmatten setzen und bei 180 °C goldgelb backen.

JUS Den Kaninchenjus mit dem Portwein auf die gewünschte Konsistenz reduzieren und mit dem Mandelöl aromatisieren. Kurz vor dem Servieren das Kakaopulver unterrühren.

FERTIGSTELLUNG Den Hasenrücken aufschneiden, auf dem Radicchio anrichten und mit den gehobelten Mandeln garnieren. Die Kartoffelcreme mit dem Kateifi-Stroh arrangieren, mit Kaninchengrieß und Kartoffelchips abschließen. Mit Jus umgießen und mit Kakaopulver und Pfeffer bestreuen.

SALZIGER NOUGAT, KIRSCHSOUFFLÉ, STANGENCANNELLE

NOUGAT

200 ML	MILCH, 3,8 % FETT
2,5 G	FLEUR DE SEL
80 G	NOUGAT DE MONTÉLIMAR

KIRSCHSOUFFLÉ

20 G	OVONEVE
160 ML	WASSER
90 G	KIRSCHPÜREE
80 G	ZUCKER
20 G	MEHL

STANGENCANNELLE

100 ML	SANCERRE
3	ZIMTSTANGEN
120 G	FONDANT
100 G	GLUCOSE
2	TROPFEN ZIMTÖL VON ROSARIA

KIRSCHEN IM SUD À L'AMARENA

60 G	MUSCOVADOZUCKER
200 G	ENTSTEINTE SCHWARZKIRSCHEN
2 EL	GLUCOSE
	SAFT VON EINER 1/2 ZITRONE
	ABRIEB VON EINER 1/2 ZITRONE
20 ML	MANDELLIKÖR

KIRSCHSAFT

100 ML	KIRSCHSAFT
1 EL	LAKRITZPASTE
30 G	GLUCOSE
1	SPRITZER REISESSIG
40 G	ZUCKER

FERTIGSTELLUNG

PISTAZIENKERNE

MINZE

GETROCKNETE KIRSCHEN

MALDON SEA SALT

GETROCKNETE VANILLE-SCHOTEN, GEZUCKERT

NOUGAT Die Milch auf 70 °C erwärmen. Das Fleur de Sel darin auflösen und den Nougat montieren.

KIRSCHSOUFFLÉ Ovoneve und Wasser mit dem Mixer vermengen und kurz quellen lassen. Dann alle Zutaten im Schlagkessel gut durchrühren. 2 Stunden im Kühlschrank ruhen lassen. In einen 0,5-l-Espuma-Sprayer füllen. Mit einer Schere einen kleinen Einschnitt am Boden von Plastikbechern machen. Die Becher bis zu einem Drittel mit dem Biskuitteig aus dem Siphon füllen. 20 Sekunden bei 900 W in der Mikrowelle backen. Teig in den Bechern abkühlen lassen.

STANGENCANNELLE Den Sancerre mit den Zimtstangen in den Rotationskolben geben und 30 Minuten bei 60 °C laufen lassen. Passieren und zur Seite stellen. Den Fondant mit der Glucose verkochen, mit dem Sud ablöschen und die Flüssigkeit verkochen lassen. Das Zimtöl dazugeben und auf eine Silpatmatte gießen. Auskühlen lassen und im Thermomix pulverisieren. Dünn auf Silpatmatten sieben und kurz im Backofen schmelzen lassen. Trocken lagern und bei Bedarf in kleine Segmente brechen.

KIRSCHEN IM SUD À L'AMARENA Muscovadozucker mit den Kirschen vermengen und zugedeckt stehen lassen, bis sich Saft sammelt. Den Saft mit der Glucose aufkochen und auf eine sirupartige Masse reduzieren. Zitronensaft, Zitronenabrieb und Mandellikör zugeben. Die Kirschen damit marinieren, glasieren, abtropfen lassen und 4 Stunden bei 50 °C in Dehydrator trocknen lassen. Im Sud lagern und bei Bedarf entnehmen.

KIRSCHSAFT Den Kirschsaft im Rotationsverdampfer bei 60 °C um die Hälfte reduzieren lassen. Mit Lakritzpaste, Glucose und einem Spritzer Reisessig zu einer homogenen Paste kochen. Die Hälfte des Zuckers zugeben und etwas einkochen lassen. Die Masse soll leicht fließfähig sein. Auf 40 °C abkühlen lassen und zu dünnen Fäden drehen. Im restlichen Zucker wälzen und trocken lagern.

FERTIGSTELLUNG Das Soufflé stürzen. Den Nougat arrangieren. Die Kirschen mit etwas Sud anrichten. Mit den Stangencannellen belegen. Die dehydrierten Kirschen mit gehackten Pistazienkernen und etwas Minze anrichten. Auf dem Soufflé die Vanillestange anrichten. Mit etwas Maldon Sea Salt bestreuen.

SAIBLINGSHAUT, FROSCHSCHENKEL, DUCCA

SAIBLING

1	SAIBLING
	MALDON SEA SALT
	ETWAS OLIVENÖL
20 ML	LIMONENÖL VON AGRIVERDE
5 G	DUCCA

FROSCHSCHENKEL

4	PAAR FROSCHSCHENKEL
1	EIWEISS
1	PRISE PIMENTON
40 G	PANKOMEHL
	ERDNUSSÖL ZUM FRITTIEREN

TOPINAMBURPÜREE

1	SCHALOTTE
20 G	BUTTER
100 G	TOPINAMBUR
80 ML	FLÜSSIGE SAHNE
20 ML	TOPINAMBUR-BRAND VON DENGEL
1	SPRITZER ZITRONENSAFT
1 EL	GESCHLAGENE SAHNE

LAUCHEMULSION

200 G	LAUCH
200 ML	GEFLÜGELFOND
2 G	CHLOROPHYLL
2	GESTRICHENE PORTIONS-LÖFFEL XANTHAZOON
1	SPRITZER NOILLY PRAT

SAIBLING Den Saibling filetieren und küchenfertig vorbereiten. Die Haut sauber putzen und auf geöltes Backpapier legen. Mit Backpapier abdecken, beschweren und im Backofen bei 150 °C goldgelb backen. Noch warm salzen. Bei Bedarf in gleich große Stücke schneiden. Danach die Saiblingfilets in 8 gleich große Segmente schneiden und mit dem Limonenöl in eine Cocotte geben. Bei 60 °C im Backofen etwa 12 Minuten konfieren. Herausnehmen und salzen. Mit Ducca würzen.

FROSCHSCHENKEL Von den Froschschenkeln das obere Glied abtrennen, das Fleisch vom Knochen lösen und leicht salzen. Das Eiweiß mit dem Pimenton etwas anschlagen und die Schenkel darin wälzen. Im Pankomehl wenden und im Erdnussöl bei 150 °C goldgelb frittieren.

TOPINAMBURPÜREE Die Schalotte in der Butter anschwitzen und leicht salzen. Topinambur schälen, mit der glasierten Schalotte in den Thermomix geben und kurz auf Stufe 10 mixen. Mit der flüssigen Sahne aufgießen und 8 Minuten bei 80 °C auf Stufe 4 zu einer homogenen Masse verarbeiten. Mit Topinambur-Brand, Zitronensaft und Salz abschmecken. Zum Schluss kurz die geschlagene Sahne unterrühren.

LAUCHEMULSION Den Lauch in feine Ringe schneiden und zusammen mit dem Geflügelfond in den Rotationsverdampfer geben. Bei 60 °C die Flüssigkeit auf die Hälfte reduzieren und passieren. Mit Chlorophyll färben und aufkochen. Mit Xanthazoon montieren, mit Noilly Prat aromatisieren und würzig abschmecken.

FERTIGSTELLUNG Das Topinamburpüree anrichten. Die Saiblingsfilets darauf platzieren und mit der Rösthaut belegen. Darauf die Froschschenkel anrichten und mit Lauchemulsion umgießen. Mit restlicher Ducca bestreuen und servieren.

TOMATENESSENZ, ZIEGENMILCH, PESTO

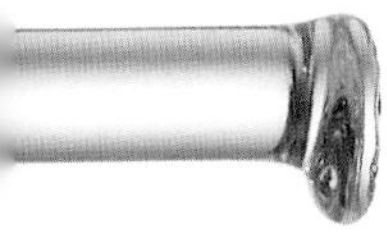

TOMATENESSENZ Die Tomaten blanchieren, häuten und in Rauten schneiden. Die Tomatenabschnitte mit den Gemüsewürfeln in Olivenöl anrösten. Tomatenmark, Tomatensaft und Pelati zugeben. Mit Tafelspitzbrühe auffüllen. Kalbshesse, Eiweiß und Kräuter dazugeben. Unter stetigem Rühren einmal aufkochen, dann etwa 1 Stunde simmern lassen. Auf 500 Milliliter reduzieren. Durch ein Tuch passieren, abschmecken und abkühlen lassen. Die Essenz mit dem Xanthazoon montieren. In einen Sodasteamer geben und bei Bedarf begasen.

ZIEGENMILCH Die Ziegenmilch mit dem Iota montieren und auf 80 °C erhitzen. Würzig mit Salz und Essig abschmecken.

PESTO Basilikum- und Petersilienblättchen, Olivenöl, Pinienkerne und Knoblauchzehe im Thermomix pürieren und würzen. Zum Schluss den Käse zugeben und nur noch kurz mixen. In Gläsern lagern.

MUSKATÖL Beide Zutaten in den Rotationsverdampfer geben und 30 Minuten bei 60 °C rotieren lassen. In einem Glas aufbewahren und bei Bedarf entnehmen.

FERTIGSTELLUNG Die Tomatenrauten mit etwas Pesto marinieren und würzig abschmecken. Die Essenz begasen und in ein Glas füllen. Die Ziegenmilch noch warm auf die Essenz geben und die Tomatenrauten darauf platzieren. Großzügig mit dem Muskatöl beträufeln. Pesto auf einen Glasstick geben und auf dem Glas platzieren.

TOMATENESSENZ

300 G	TOMATEN
100 G	GEMÜSEWÜRFEL
2 EL	OLIVENÖL
1 EL	TOMATENMARK
250 G	KLARER TOMATENSAFT
1	KLEINE DOSE PELATI
1 L	TAFELSPITZBRÜHE
400 G	GROB GEWOLFTE KALBSHESSE
2	EIWEISS, LEICHT ANGESCHLAGEN
JE 1	ZWEIG LORBEER, THYMIAN, ROSMARIN
5	GESTRICHENE PORTIONSLÖFFEL XANTHAZOON

ZIEGENMILCH

250 ML	ZIEGENMILCH
0,8 G	IOTA
20 ML	HELLER ESSIG

PESTO

5	BUND BASILIKUM
100 G	GLATTE PETERSILIE
200 ML	OLIVENÖL
40 G	GERÖSTETE PINIENKERNE
1	KLEINE KNOBLAUCHZEHE
30 G	GERIEBENER PECCORINO

MUSKATÖL

200 ML	RAPSÖL DER TEUTOBURGER ÖLMÜHLE
20 G	MACISBLÜTE

SOUS-VIDE

Das Garen von vakuumierten Grundprodukten bei niedrigen Temperaturen ist eine hervorragende Möglichkeit, vor allem bei Fleisch, Fisch und Geflügel saftige Texturen mit maximaler Aromenausbeute zu erzielen. Auch Obst und Gemüse profitieren vom Einsatz der Vakuumtechnik.

EINE IDEE GART WEITER

Kochen ist eine Zeitmaschine. Sie ist auf eine der ältesten Kulturtechniken des Menschen gebaut und hat ihn über einen Zeitraum von 500.000 Jahren dahin gebracht, wo er heute ist, anatomisch wie gesellschaftlich. Meistens sind die Menschen mit der Zeitmaschine *Kochen* in die Zukunft gereist, doch im 20. und 21. Jahrhundert wuchs das Interesse, in die kulinarische Vergangenheit zurückzukehren, alte Rezepturen zu finden, sie nachzukochen oder zu modernisieren. Wichtiger Auslöser des Trends dürfte eine wachsende ablehnende Haltung gegenüber der industriellen Nahrungsherstellung gewesen sein. Die *Instantisierung* der Alltagsküche war wie eine Kulturrevolution über unsere Gesellschaft hereingebrochen und jeder, der um Traditionspflege bemüht war, galt zeitweise als unmodern. Suppen hatten aus der Tüte zu kommen, Kuchen und Kartoffelpüree aus Kartons, Desserts fix und fertig aus dem Kühlregal und Spaghetti mit Tomatensauce aus der Mirácoli-Packung.

Heute sind diese Dinge zwar nicht aus unseren Supermärkten verschwunden – im Gegenteil, es sind sogar mehr geworden – gleichwohl ist, zumindest bei den Meinungsmachern, inzwischen der Gegentrend bestimmend: Selber kochen lautet die Devise und zwar mit Grundprodukten, die den Namen noch verdienen und nicht schon fix und fertig vorbereitet sind. Kochsendungen im Fernsehen, die geradezu inflationär die Programme überschwemmen, taugen allerdings nicht als Beleg dafür, dass in Deutschland der Umschwung schon praktisch vollzogen wäre und an den Herden der Republik wieder mit frischen Grundprodukten solide gekocht würde – denn dann würden Fertiggerichte und Instantprodukte als Special-Interest-Waren in den hintersten Ecken der Supermärkte verstauben, aber das tun sie nicht.

Eines hat allerdings auch die Industrialisierung auf dem Nahrungsmittelsektor noch nicht überflüssig machen können: den Garprozess. Das Genießbarmachen von Grundprodukten durch Denaturierung. Wir sind uns bewusst, dass das allergische Potenzial des Begriffes *Denaturierung* hoch ist, tauchen doch in kulinarisch orientierten Internetforen und Blogs immer wieder Diskussionen auf, in denen das Wort als Unheil bringend eingestuft und zugleich ein Bezug zur Molekularküche hergestellt wird, denn dort, in der Molekularen Gastronomie, findet das Wort ja besonders häufig Verwendung. Dabei ist der Prozess der Denaturierung unverzichtbarer Bestandteil jeder Art zu kochen. Wirklich jeder.

Bei der Denaturierung von rohem Fleisch und Geflügel geht es im Wesentlichen um die Umwandlung von Kollagen – das Strukturprotein des Bindegewebes – in Gelatine. Muskeln, genauer gesagt die einzelnen Faserbündel, werden durch das kollagene Bindegewebe sowohl zusammengehalten als auch mit den Knochen verbunden. Außerdem ist Kollagen wichtiger Bestandteil von Haut und Sehnen.

KOCHEN IST EINE ZEITMASCHINE.

Gewissenhaftes Parieren von Fleisch sorgt in einem ersten Schritt nur für die Befreiung von den offensichtlichen Gegnern einer zarten Textur. Nicht von außen erkennbar ist das im Inneren eines Fleischstückes vorhandene und je nach Ausprägung der Muskulatur bisweilen strukturstarke, kollagene Gewebe, das die Muskelfasern umgibt. Denaturierungsprozesse der von den Tieren stark beanspruchten Muskelbereiche sind entsprechend langwierig, auch weil die seilähnlich gewundenen Molekülstränge des Kollagens dort besonders fest sind und eine hohe Zähigkeit und Starrheit erzeugt haben. Um Fleisch zart zu machen, müssen genau diese Stränge entflochten werden.

Welcher Weg der beste in Bezug auf die erzielte Zartheit für die Denaturierung von Kollagen ist, hängt in erster Linie davon ab, wie stark muskulär das Fleisch ist und welches Volumen das zu verarbeitende Stück hat. Ab 55 °Celsius, teilweise auch schon darunter, beginnen sich die Kollagenstränge zu entflechten und bilden am Ende eine Gelatine aus, deren Moleküle im umgebenden wässrigen Saft des Fleisches gebunden sind und bei Abkühlung ein hochviskoses, gelähnliches Netzwerk erzeugen. Einmal denaturiert, ist die Seilstruktur des Kollagens unwiderruflich zerstört. Erneutes Erhitzen führt allerdings dazu, dass das gebildete Gel schmilzt, weshalb ein Stück Fleisch fester erscheint, sobald es abgekühlt ist.

Vor allem die Zubereitung von muskelstarkem Fleisch, nicht zuletzt von Wild, erfordert einen überlegten Umgang mit den Denaturierungsprozessen. Wenn schon eine Temperatur von knapp 70 °Celsius ausreicht, um Kollagen komplett zu denaturieren, sind höhere Temperaturen theoretisch gar nicht notwendig. Theoretisch. Denn natürlich ist die Umwandlung von Kollagen in Gelatine nicht der einzig wichtige Aspekt bei der Zubereitung von Fleisch. Die Gewinnung von Röstaromen durch scharfes Anbraten spielt eine ähnlich bedeutende Rolle für den optimalen Genuss. Genau hier liegt einer der großen Nachteile herkömmlicher Zubereitungstechniken. Bei einem Stück Fleisch, das im Ofen bei Temperaturen um 200 °Celsius gart und vielleicht schon vorher kurz und scharf angebraten wurde, weil sich eben auch Röstaromen entwickeln sollen, wird deutlich mehr Wärme in das Fleisch geleitet, als für die Denaturierung notwendig ist. Wenn dann eine Kerntemperatur im Fleisch von 70 °Celsius erreicht ist, dort also das Kollagen denaturiert wird, droht den äußeren Bereichen unter der großen Hitze bereits ein Wassermangel, das Fleisch beginnt auszutrocknen, bevor es genussreif ist. Je magerer das Fleisch, umso schneller schreitet wegen des darin vorhandenen höheren Wasseranteils die Austrocknung voran. Schon bei Temperaturen um 100 °Celsius kann bis zu 45 Prozent des Wassers im Fleisch verloren gehen, bei 70 °Celsius sind es nur etwa 15 Prozent. Insofern ist für die Verarbeitung von Fleisch, und zwar nicht nur für solches mit hohem Kollagenanteil, ein Niedrigtemperaturgarverfahren fast immer die im Ergebnis beste Lösung, weil nur so eine besonders zarte und saftige Textur erzeugt werden kann. Temperaturen deutlich unter 70 °Celsius können allerdings nicht zuletzt bei der Zubereitung von Geflügel zum Problem werden, da die Eliminierung von Bakterien wie Salmonellen Temperaturen von mindestens 55 °Celsius über einen Zeitraum von einer Stunde oder 60 °Celsius über eine halbe Stunde voraussetzen.

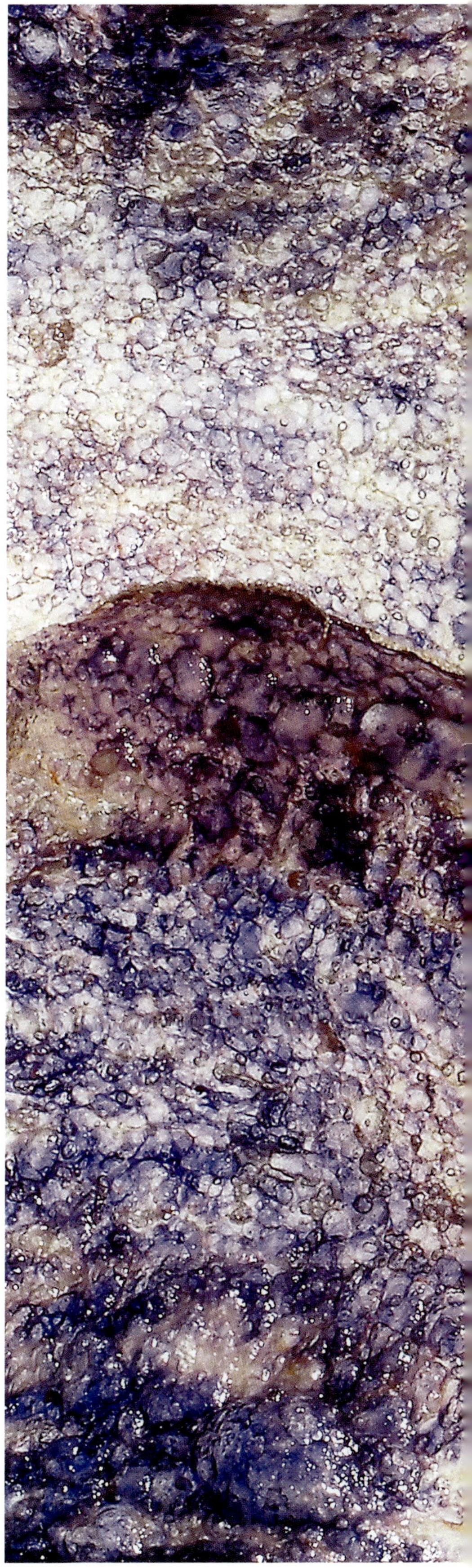

Fisch weist eine vollkommen andere muskuläre Struktur auf als Fleisch. Er benötigt durch seinen durchgehenden Aufenthalt im Wasser, das ihn ja trägt, nur einen Bruchteil der Kraft zur Fortbewegung wie ein an Land lebendes Tier. Entsprechend schwach entwickelt ist seine Muskulatur, die auch anders aufgebaut ist und in kurzen Bündeln statt in Längsformation ihren Dienst tut. Außerdem enthält Fisch kein zähes Bindegewebe, und so ist es im Grunde gar nicht notwendig, Fisch durch Erhitzen verzehrbar zu machen. Der Genuss von frischem Rohfisch, wenn er denn wirklich absolut frisch ist und der bakterielle Zersetzungsprozess nach der Totenstarre noch nicht eingesetzt hat, bleibt nach wie vor eine der delikatesten Arten, Fisch zu essen. Die Einwirkung hoher Temperaturen bei der Zubereitung ist also, nachdem was wir über die Muskulatur wissen, einer festen, aber elastischen Textur von Fisch abträglich.

Niedrigtemperaturverfahren sind unter den Garmethoden in der molekular inspirierten Avantgardeküche zur wichtigsten Technik avanciert. Eine Besonderheit im Reigen der neuen Garverfahren bildet das Frittieren in Wasser, was an dieser Stelle nur der Vollständigkeit halber erwähnt werden soll. Dabei wird dem Wasser ein Oligosaccharid namens Trehalose beigefügt, gewonnen aus Pilzen, die es sich in der Regel auf den Ähren von Roggen und Weizen gemütlich machen. Durch Zugabe von Trehalose in Wasser entsteht ein Gemisch, das auf Temperaturen über 120 °Celsius erhitzt werden kann. Ähnlich wie beim klassischen Frittieren wird durch einen Osmoseprozess Wasser entzogen. Mit den Ergebnissen von in Öl frittiertem Gargut lassen sich wasserfrittierte Produkte aber nicht vergleichen. Sie sind weniger knusprig, aber dafür außerordentlich bekömmlich.

SOUS-VIDE – DIE LUFT IST RAUS, UND DAS IST GUT SO

Unter Vakuum kochen ist ein Verfahren, das Ende der sechziger Jahre im Zusammenhang mit der Herstellung von Vakuumverpackungen entdeckt und in den Siebzigern von dem französischen Lebensmittelchemiker Bruno Goussault und dem ebenfalls aus Frankreich stammenden Koch Georges Pralus weiterentwickelt wurde. Beide arbeiteten damals für die Cryovac-Abteilung von W. R. Grace, einem der weltweit führenden Unternehmen der Verpackungsindustrie.

1974 begann Pierre Troisgros, mit drei Michelinsternen ausgezeichneter Küchenchef aus dem französischen Roanne damit, nach Methoden zu suchen, Gänsestopfleber so garen zu können, dass sie dabei nicht 30 bis 50 Prozent ihres ursprünglichen Gewichts verliert, wie es bei herkömmlicher Zubereitung der Fall war. Er kontaktierte Georges Pralus, und nach einigen gemeinsamen Versuchen stellte sich der Erfolg ein: Die Sous-vide gegarte Gänseleber hatte nur fünf Prozent ihres Gewichts verloren und zugleich eine außergewöhnlich saftige Textur ausgebildet. Im gleichen Jahr experimentierte Bruno Goussault mit einem Sous-vide gegarten Schulterstück vom Rind. Hintergrund war die Entwicklung industrieller Verfahrenstechniken, die auf die Verlängerung der Haltbarkeit von verpacktem Fleisch abzielten. Trotz des auch für die Spitzengastronomie nachgewiesenen Nutzens haftete Sous-vide bis weit in die Neunziger Jahre hinein der Makel einer industriellen Zubereitungsmethode an, die von den meisten französischen Chefs zumindest offiziell abgelehnt wurde, weil es ihr künstlerisches Image zu schädigen drohte. Goussault und Pralus haben sich davon nicht ausbremsen lassen und in unzähligen Seminaren und Schulungen ihre Technik an Köche weitervermittelt. Inzwischen ist Sous-vide in der internationalen Spitzengastronomie akzeptiert und wird vielseitig genutzt. Es sind hauptsächlich Amerikaner, Spanier und Franzosen, die derzeit die Entwicklung vorantreiben.

Im Wesentlichen gilt es zwei Varianten von Sous-vide zu unterscheiden: Das Garen von Grundprodukten bei niedrigen Temperaturen und die Aromaübertragung und -konzentration ohne Garprozess in vakuumiert verschweißten Folien. Bei letzterer Technik wird der durch den Sauerstoffentzug entstehende Druck ebenfalls dazu genutzt, wässrige Grundprodukte wie Obst nicht nur aromatischer zu machen, sondern auch deutlich fester. Thomas Keller aus dem New Yorker Restaurant *French Laundry* hat mit seinen *cryovacked watermelons* die Fachwelt erstaunt, weil sich zeigte, dass die vakuumierten Melonen nicht nur intensivere Fruchtaromen, sondern auch eine fleischähnliche Textur entwickelt hatten. Bei Bananen ist eine ähnliche Wirkung auf die Textur zu beobachten. Sie zermatschen nicht, sondern bleiben fest. Die höhere Aromenintensität hängt damit zusammen, dass die Aromen aus dem Vakuum nicht entweichen können und der austretende Saft eine Art Eigenmarinade erzeugt. Eine ähnliche Vorgehensweise mit gefriergetrockneten Grundprodukten ist als so genannte *Liofilisation* in der Lebensmittelindustrie etabliert und wird inzwischen vor allem von Ferran Adrià umfänglich variiert. Dabei werden, vereinfacht gesagt, gefriergetrocknete Lebensmittel vakuumiert verpackt und zugleich entwässert.

Was die Textur von gegartem Fleisch angeht, so optimiert Sous-vide die guten Ergebnisse des Niedrigtemperaturgarens noch, weil durch den entzogenen Sauerstoff ein besserer Hitzetransfer gewährleistet wird.

In den Medien ist immer mal wieder von einem durch Sous-vide ausgelosten, gestiegenen Gefahrenpotenzial in Bezug auf den Krankheitserreger Clostridium botulinum die Rede. Tatsächlich kann dieser, über pflanzliches Futter in den Körper von Tieren gelangende Erreger unter Sauerstoffabschluss Botulinum-Toxine freisetzen. Der belgische Mikrobiologe Emil von Ermengem hatte das Bakterium im Jahre 1895 aus einem verdorbenen Schinken isolieren können. Es kann beim Menschen schwerste Vergiftungen auslösen. Die meisten dieser Erreger finden sich allerdings nicht im Fleisch, sondern in kontaminierten Gemüsekonserven, grüne Bohnen sind da besonders anfällig. Aufsehen erregte eine Aktion der New Yorker Gesundheitsbehörden, die im Frühsommer 2007 die Spitzengastronomie der Metropole ins Visier nahm, weil sie eine Gefahr durch unsachgemäßen Umgang mit der inzwischen sehr beliebten Sous-vide-Technik befürchtete. Spitzenköche wie Thomas Keller konnten die Behörden aber mit einem detaillierten Sicherheitsplan überzeugen. Entscheidend ist, dass einmal vakuumierte Lebensmittel bis zur Verwendung konsequent und durchgängig unter 4 °Celsius aufbewahrt und beim Garprozess signifikant über 60 °Celsius, am besten über

INZWISCHEN IST SOUS-VIDE IN DER INTERNATIONALEN SPITZENGASTRONOMIE AKZEPTIERT UND WIRD VIELSEITIG GENUTZT.

65 °Celsius erhitzt werden müssen, so dass eine Kerntemperatur von mindestens 62 °Celsius erreicht wird. Vor allem in Hinblick auf die Nutzung der Methode für große Buffets, wo die ökonomischen Vorteile von Sous-vide besonders zum Tragen kommen, ist Vorsicht und ein verantwortlicher Umgang mit der Problematik geboten. Der auf kulinarische Themen spezialisierte Wissenschaftsjournalist Harold McGee, weist noch darauf hin, dass es weniger auf die absolute Frische der Inhaltsstoffe ankommt als auf die strikte Einhaltung der Temperaturgrenzen.

Sous-vide ist also wie geschaffen für ein optimales Mise en place, gleichwohl müssen die Aufbewahrungsregeln konsequent beachtet werden. Techniken wie das Herunterkühlen von Gargut mit Eiswasser und spätere Wiederaufnahme des Garprozesses sind, wenn überhaupt, mit einem Höchstmaß an Vorsicht vorzunehmen. Gesalzen wird wie bei anderen Verfahren erst nach dem Garprozess. Sous-vide gegartes Gemüse benötigt in der Regel eine höhere Temperatur als Fleisch oder Fisch, zu empfehlen sind 80 °Celsius als Orientierung.

Besonders bewährt hat sich Sous-vide bei Wildgerichten. Rehrücken, der sonst zu leberwurstähnlicher Zersetzung neigt, bleibt, vakuumiert gegart, strukturell fest und saftig. Die Zubereitung von Fisch kann von der Zugabe einer aromatisierten Flüssigkeit profitieren, die vor dem Verschweißen zum Gargut gegeben wird und für eine Aromenübertragung sorgt. Man könnte es Sous-vide-Pochieren nennen, eine Technik, die nicht nur bei Fisch, sondern auch bei Fleisch, Wild und Geflügel zu hervorragenden Ergebnissen führt. Besonders saftig bleibt das Gargut, wenn es auf diese Weise in Öl konfiert wird. Mit gewöhnlichen Haushaltsvakuumiergeräten lässt sich diese Variante kaum realisieren, da zu schnell Flüssigkeit ins Gerät gerät, was den Absaugvorgang komplett zunichte machen kann.

WENN DER GAST DAMPFT, STEIGT DIE STIMMUNG

In der öffentlichen Wahrnehmung stehen Zubereitungen mit flüssigem Stickstoff exemplarisch für die Molekularküche. Das liegt in erster Linie an den eindrucksvollen Bildmotiven, die sich im Zusammenhang mit der Anwendung dieser Technik schaffen lassen und die über Presse und Fernsehen transportiert werden. Gäste, die beim Verkosten von kryogenen Stickstoffzubereitungen aus Ohren und Nase dampfen wie eine P8-Lokomotive aus dem Jahre 1911 bei Tempo 100, sind natürlich beliebte Fotomotive. Sorgte Mitte des letzten Jahrhunderts noch das flambierte *Crêpe Suzette* für Aaahs und Ooohs am Tisch, ist es heute das *Nitro*. In Wahrheit geben Stickstofftechniken aber nur einen sehr kleinen und höchst unrepräsentativen Eindruck von dem wieder, was molekular inspiriertes Kochen tatsächlich ausmacht. Das sollte – bei allem Vergnügen, die Nitros dem Gast in der Regel bereiten – im Bewusstsein aller Beteiligten verankert sein.

GÄSTE, DIE BEIM VERKOSTEN VON KRYOGENEN STICKSTOFFZUBEREITUNGEN AUS OHREN UND NASE DAMPFEN WIE EINE P8-LOKOMOTIVE AUS DEM JAHRE 1911 BEI TEMPO 100, SIND BELIEBTE FOTOMOTIVE.

Kryogene Zubereitungen aus Stickstoff werden in der Regel als *Nitros* bezeichnet (abgekürzt von Nitrogenium, lateinisch für Stickstoff), wobei die gesamte Technik oft mit dem Wort Kryo (engl. Cryo) umschrieben wird, was aus dem Griechischen kommt und übersetzt *Frost* bedeutet. Es geht dabei um extremen Frost, der durch die Verflüssigung von Gasen wie Wasserstoff, Sauerstoff, Kohlendioxid oder eben Stickstoff entsteht. Insofern ist die Bezeichnung Kryo beziehungsweise kryogen im eigentlichen Sinne als Überbegriff für jede Art von Tiefsttemperaturerzeugung durch Gasverflüssigung zu verstehen. Gastronomisch relevant ist derzeit aber lediglich der Stickstoff, dessen Siedepunkt bei –195,8 °Celsius liegt und der sowohl geschmacksneutral wie auch geruchs- und farblos ist.

So spektakulär, lustig und unterhaltsam der Genuss von Nitros ist, so heikel ist der Umgang damit. –195,8 °Celsius sind verdammt kalt, und schon ein Spritzer der Flüssigkeit kann einem Koch das Augenlicht kosten. Routine und Zeitdruck verleiten Köche oft dazu, es mit den Sicherheitsbestimmungen im Umgang mit flüssigem Stickstoff nicht so genau zu nehmen und zum Beispiel auf die Schutzbrille zu verzichten, aber das ist so ratsam, wie noch lebendigen Hummern mit offenen Scheren zum Abschied Pfötchen zu geben.

Die Einsatzmöglichkeiten von flüssigem Stickstoff sind vielfältig, werden aber vor allem im Dessertbereich genutzt. So stellt die Herstellung von Heiß-Kalt-Applikationen eine der besonders überraschungseffektreichen Zubereitungen dar. Warme Emulsionen werden in flüssigen Stickstoff getaucht und auf diese Weise mit einer Eisschicht überzogen. Während die äußere Schicht eine Temperatur von –80 °Celsius aufweist, bleibt es innen 20 °Celsius warm.

Je höher der Fettanteil einer in flüssigem Stickstoff zubereiteten Masse ist, desto fester wird die Masse im Ergebnis sein. Und es sinkt mit dem höheren Fettanteil die Zubereitungszeit. Fett und Alkohol senken außerdem das Risiko, dass eine Zubereitung auf der Zunge des Gastes Brandverletzungen verursacht, die zu mehrtägigem Taubheitsgefühl führen können. Grund dafür ist die spezifische Wärmekapazität von Fett und Alkohol im Vergleich zu Wasser, das bedeutet, die durch Stickstoff zugeführte Kälte durchdringt Wasser weitaus schneller und effektiver als Fett und Alkohol. Je mehr Fett und Alkohol, umso wärmer ist die Serviertemperatur. In Gegensatz zum Fett erhöht ein höherer Alkoholanteil allerdings die Zubereitungszeit.

Kryo-vereiste Massen können direkt durch Kuvertüre gezogen werden. Sie potenzieren das Volumen der Grundmasse, intensivieren Fruchtaromen und verhindern die Bildung unerwünschter Eiskristalle. Kurzum, sie erweitern vor allem in der Patisserie das Portfolio nutzbarer Techniken und eignen sich hervorragend als kommunikationsfördernde Komponente bei Events, weil am Tisch etwas passiert und der Gast am Ende meistens dampft. Und das bringt Spaß – der in der deutschen Spitzengastronomie leider noch zu oft zu kurz kommt.

Inzwischen haben Industriegashersteller wie Linde auf die wachsenden Anfragen aus der Gastronomie reagiert und bieten Komplettlösungen an, die neben flüssigem Stickstoff im sicheren Vorratsbehälter (25 – 120 Liter) ein offenes Temperiergefäß mit passender Abfülleinrichtung sowie Schutzbrille und Handschuhe umfasst. Auch eine Einweisung in Sachen Handling plus Support gehört dazu.

WILDE PFIRSICHE, MANDELMILCH, CHICORÉE, GRANATAPFELÖL

MANDELMILCH Die Milch aufkochen, auf 60 °C abkühlen, Mandeln zugeben und ziehen lassen. In der Milch auskühlen und 12 Stunden stehen lassen. Mit dem Zucker abschmecken, eventuell etwas Zitronensaft dazugeben. Passieren und mit dem Xanthan montieren.
Alternativ: Mandeln im Rotationsverdampfer 20 Minuten bei 60 °C rotieren.

CHICORÉE-EIS Die Sahne aufkochen, den Chicoréesud dazugeben. Nochmals aufkochen und auf die mit Zucker aufgeschlagenen Eier geben. Zur Rose abziehen, mit Limonensaft abschmecken, passieren und auskühlen lassen. Die Crème fraîche und das Xanthan unterrühren. In der Eismaschine frieren oder im Pacojet verarbeiten. Bei Bedarf mit einem Esslöffel Nocken abdrehen.

PFIRSICHE Die Pfirsiche halbieren, entkernen, in Segmente schneiden und in einen Kochbeutel geben. Aus den restlichen Zutaten einen Sud kochen, auskühlen lassen und zu den Pfirsichen geben. Vakuumieren und bei 62 °C im Wasserbad 30 Minuten pochieren. In Eiswasser abschrecken und einlagern. Bei Bedarf unter dem Salamander erwärmen und anrichten.

MANDELKROKANT Den Fondant mit der Glucose und einer Prise Salz kochen, bis die Masse bernsteinfarben ist. Auf eine Silpatmatte gießen und auskühlen lassen. Zur Weiterverarbeitung in kleine Stücke brechen und in einer Zuckermühle fein mahlen. Auf eine Silpatmatte sieben, mit dem Mandelgrieß bestreuen und unter dem Salamander nur kurz schmelzen lassen, damit sich die Bestandteile zu einer Masse verbinden. Trocken lagern und bei Bedarf in kleine Segmente von etwa 10 Zentimetern brechen.

FERTIGSTELLUNG Mit der Mandelpaste einen Dekorstrich ziehen. Vom Chicorée die gelben Blätter abschneiden. In steigender Butter mit dem Zucker und der Orangenzeste kurz dünsten.
Die Pfirsiche arrangieren, mit Chicorée und Minze dekorieren. Die Granatapfelkerne mit etwas Zitronenabrieb würzen und anrichten. Darauf das Eis platzieren. Die Mandelmilch abschmecken und abfüllen. Mit einigen Granatapfelkernen versetzen und einige Tropfen Granatapfelöl darauf geben. Auf das Eis den Mandelkrokant geben und servieren.

MANDELMILCH

200 ML	MILCH
200 G	GRÜNE MANDELN, ALTERNATIV: MANDELKERNE OHNE HAUT
35 G	ZUCKER
	ZITRONENSAFT NACH GESCHMACK
1 G	XANTHAN

CHICORÉE-EIS

200 G	SAHNE
300 ML	SUD AUS CHICORÉE-GRANULAT
80 G	ZUCKER
120 G	EIGELB (6 STÜCK)
	SAFT EINER LIMONE
150 G	CRÈME FRAÎCHE
1 G	XANTHAN

PFIRSICHE

2	WILDE PFIRSICHE
100 ML	WEISSWEIN
30 G	ZUCKER
	VANILLESTANGE
5	ZERSTOSSENE KÖRNER KUBEBEN-PFEFFER
1	MACISBLÜTE

MANDELKROKANT

120 G	FONDANT
80 G	GLUCOSE
50 G	GERÖSTETER MANDELGRIESS

FERTIGSTELLUNG

	MANDELPASTE VON SOSA
1	STÜCK CHICORÉE
10 G	BUTTER
1	PRISE ZUCKER
1	ORANGENZESTE OHNE FRUCHTWEISS
	MINZE
1	GRANATAPFEL
	ZITRONENABRIEB
10 ML	GRANATAPFELÖL VON FARGANO

WILDENTE, BROKKOLI, PFIRSICH

TRÜFFELSALAT MIT BROKKOLI

2	BROKKOLISTIELE
20 ML	OLIVENÖL VON AUBOCASSA
10 ML	MALZESSIG
2	BROKKOLIRÖSCHEN
20 ML	TRÜFFELSAFT
20 G	TRÜFFEL

WILDENTE

2	WILDENTEN

ENTENBRÜSTE MIT GRAUPEN

40 ML	DUNKLER GEFLÜGELFOND
1	ZWEIG ROSMARIN
1	ZWEIG THYMIAN
2	STERNANIS
50 G	FEINE GRAUPEN
1	KLEINE GESCHÄLTE SCHALOTTE
1	SPRITZER BANYULS-ESSIG
10 G	GEHACKTE HASELNÜSSE
1 TL	HASELNUSSÖL VON MONTEGOTTERO

ENTENKEULEN

1	PRISE MUSCOVADOZUCKER
100 ML	GEFLÜGELJUS
20 ML	BALSAMESSIG
10 ML	SOJASAUCE
2	PIMENTKÖRNER
1	ZWEIG ROSMARIN
20 ML	TRÜFFELSAFT
	ETWAS BUTTER
30 G	ENOKIPILZE
	SISHO-KRESSE

PFIRSICHPÜREE MIT TRÜFFELN

2	PFIRSICHE
100 ML	WEISSWEIN
30 G	ZUCKER
1	SPRITZER CHILIÖL
40 G	TRÜFFEL
2 G	GEMÖRSERTE JOHANNISBROTSCHOTE

TRÜFFELSALAT MIT BROKKOLI Die Brokkolistiele schälen und in feine Streifen schneiden. Mit dem Olivenöl und Essig marinieren. Leicht salzen. Die Brokkoliröschen in kleine Segmente teilen und unter den Salat heben. Mit dem Trüffelsaft aromatisieren. Den Trüffel in feine Julienne schneiden und mit dem Salat kurz vermengen.

ENTENBRÜSTE MIT GRAUPEN Die Brüste der Wildenten auslösen, Haut abziehen, Brüste parieren und kurz ohne Farbe anbraten. Den Bratensatz mit Geflügelfond lösen, Rosmarin und Thymian zugeben. Den Sternanis andrücken und kurz sautieren. Alle Zutaten ausgekühlen lassen, in einen Vakuumbeutel geben und verschließen. Bei Bedarf im Wasserbad bei 58 °C 10 Minuten pochieren. Den Beutel aufschneiden und die Brust leicht salzen.
Die Haut der Enten von überschüssigem Fett befreien, leicht salzen und zwischen geöltes Backpapier geben. Mit einer Cocotte beschweren und im Backofen bei 150 °C etwa 15 Minuten kross backen.
Die Graupen in Salzwasser mit der Schalotte garen. Abgießen und kurz warm abspülen. Noch warm mit dem Essig abschmecken. Leicht salzen und die gehackten Haselnüsse unterheben. Mit dem Haselnussöl aromatisieren.
Die Graupen anrichten und die Wildente in Tranchen schneiden. Auf die Graupen legen. Mit der Haut dekorieren und den glasierten Brokkoli anlegen.

ENTENKEULEN Die Keulen der Enten auslösen und parieren. In Würfel von 5 x 5 Millimeter schneiden. In einer Sauteuse anbraten und mit dem Muscovadozucker schwenken. Mit Geflügeljus, Balsamessig und Sojasauce ablöschen. Die Gewürze dazugeben. Mindestens 20 Minuten bei 60 °C garen. Das Fleisch herausnehmen, warm stellen, die Sauce passieren und auf die gewünschte Konsistenz reduzieren. Den Trüffelsaft dazugeben und erwärmen. Zum Schluss etwas Butter einschwenken und das Fleisch wieder zugeben. Mit Enokipilzen und Sisho-Kresse garnieren.

PFIRSICHPÜREE MIT TRÜFFELN Die Pfirsiche vierteln, entkernen und in dem Weißwein pochieren. Mit dem Zucker süßen und im Thermomix zu einem feinen Püree verarbeiten. Mit Chiliöl abschmecken. Den Trüffel fein hobeln. Das Püree anrichten und mit den Trüffeln arrangieren. Mit dem Johannisbrotkernpulver bestreuen und servieren.

ENTENBRUST, ROTE BETE, BIRNE, MANGOLD

ENTENBRUST

2	ENTENBRÜSTE
1	ZWEIG BEIFUSS
100 ML	UNGEBUNDENER ENTENJUS
2	STERNANIS
	ZITRONENGRAS
	PFEILWURZMEHL

ROTE BETE

100 G	ROTE BETE
	ETWAS KREUZKÜMMEL
1	SPRITZER WEISSWEINESSIG
20 G	BUTTER
50 ML	GEFLÜGELFOND

BIRNE

150 ML	WEISSWEIN
40 G	ZUCKER
1	STERNANIS
1	KARDAMONKAPSEL
1	VANILLESCHOTE
½	PORTIONSLÖFFEL XANTHAZOON
1	WILLIAMS-BIRNE

MANGOLD

100 G	MANGOLD SALAT
20 G	BUTTER

FERTIGSTELLUNG

	MANDELBLÄTTER ALS GARNITUR

ENTENBRUST Die Entenbrüste mit Beifuß vakuumieren und bei 56 °C im Julabo-Wasserbad 20 Minuten pochieren. Herausnehmen und auf der Haut kurz kross braten. In gleich große Segmente schneiden. Den Entenjus auf die gewünschte Konsistenz reduzieren, Sternanis und Zitronengras 5 Minuten darin ziehen lassen. Passieren und mit etwas Pfeilwurzmehl binden.

ROTE BETE Die Rote Bete in kräftig gesalzenem Wasser mit dem Kreuzkümmel und dem Essig weich kochen. Noch warm schälen und in Würfel von 3 x 3 mm schneiden. Bei Bedarf in etwas Butter glasieren. Die Rote-Bete-Abschnitte noch warm mit dem Geflügelfond im Thermomix fein pürieren. Würzig abschmecken.

BIRNE Den Weißwein mit dem Zucker und Gewürzen aufkochen. Kurze Zeit stehen lassen und erneut aufkochen. Mit dem Xanthazoon leicht binden. Birne in gleichmäßige Spalten schneiden, entkernen, tournieren und in dem Sud pochieren.

MANGOLD Den Mangold in der Butter dünsten und dann würzig abschmecken.

FERTIGSTELLUNG Die Entenbruststücke auf den Rote-Bete-Würfeln anrichten. Das Rote-Bete-Püree aufstreichen und die Birnenspalten platzieren. Mit Mandelblättern belegen und den Mangold arrangieren. Mit dem Kaffeejus vollenden und servieren.

MORCILLA, BLUMENKOHL, SCHWARZKÜMMELÖL, STEINBUTT

BLUMENKOHL Die Blumenkohlröschen mit etwas Zitronensaft in einem Kochbeutel vakuumieren und bei 62 °C im Julabo-Wasserbad 1 Stunde pochieren. Danach in Eiswasser schnell abkühlen. Einige Blumenkohlröschen zur Seite stellen und bei Bedarf in Butter glasieren. Restlichen Blumenkohl mit der Sahne bei 50 °C im Thermomix zu einer homogenen Masse montieren, mit Muskatnuss und Butter abschmecken.

STEINBUTT UND MORCILLA Den Steinbutt zusammen mit dem Olivenöl im Kochbeutel soft vakuumieren und bei 56 °C im Julabo-Wasserbad 12 Minuten pochieren. Steinbutt herausnehmen und in steigender Butter kurz wenden. Mit der Morcilla belegen und diese kurz schmelzen lassen.

FERTIGSTELLUNG Neben dem Steinbutt das Blumenkohlpüree arrangieren und mit den glasierten Röschen garnieren. Mit Schwarzkümmelöl beträufeln, mit Blumenkohlblättern und Schwarzkümmelkörnern garnieren.

BLUMENKOHL

200 G	BLUMENKOHL, KLEIN GEZUPFT
	ZITRONENSAFT
	BUTTER ZUM GLASIEREN
100 G	SAHNE
	MUSKATNUSS

STEINBUTT UND MORCILLA

4	STÜCKE STEINBUTT À 60 G
40 ML	OLIVENÖL VON ASFAR
20 G	BUTTER
4	STREIFEN MORCILLA À 3 x 10 x 0,3 CM

FERTIGSTELLUNG

10 ML	SCHWARZKÜMMELÖL VON FARGANO
	BLUMENKOHLBLÄTTER
	SCHWARZKÜMMELKÖRNER

HIRSCHRÜCKEN, GERÖSTETES ARGANÖL

Den Hirschrücken in gleich große Segmente schneiden. Mit dem Arganöl in Kochbeutel verschweißen und 18 Minuten bei 56 °C im Wasserbad pochieren. Herausnehmen und in der heißen Butter leicht bräunen. Salzen und warm stellen. Den Hirschjus mit den Kaffeebohnen, Piment und Rosmarin auf die gewünschte Konsistenz reduzieren und mit etwas Pfeilwurzmehl binden. Passieren und etwas von dem Argansud montieren.

Aus den Schwarzwurzeln lange Streifen, maximal 1 Millimeter dick, auf der Mandoline hobeln. In 150 °C heißem Erdnussöl goldgelb frittieren. Noch heiß zusammendrehen und auf Küchenkrepp lagern. Einen Teil auch zu kleinen Nestern formen und ebenfalls auf Krepp lagern. Den Rest der Wurzeln in feinste Würfel schneiden. Die Cranberries ebenfalls in feine Würfel schneiden. Rohkostwürfelchen mit den Schnittlauchringen vermengen. Leicht salzen und mit dem Quittenessig säuern.

Die Rosenkohlblätter in Butter glasieren und würzig abschmecken. Mit den Schwarzwurzelnestern und Pinienkernen anrichten. Den Hirschrücken aufschneiden und mit dem Jus arrangieren. Die Rohkostwürfel auf dem Fleisch anrichten und mit den Schwarzwurzelsticks abschließen.

500 G HIRSCHRÜCKEN, AUSGELÖST UND PARIERT
40 ML GERÖSTETES ARGANÖL VON FARGANO
30 G BUTTER
MALDON SEA SALT
100 ML HIRSCHJUS
10 STÜCK ARABICA-KAFFEEBOHNEN
3 STÜCK PIMENTKÖRNER
1 ZWEIG ROSMARIN
PFEILWURZMEHL

500 G DICKE SCHWARZWURZELN, GESCHÄLT
ERDNUSSÖL ZUM FRITTIEREN
40 G DEHYDRIERTE CRANBERRIES
5 G SCHNITTLAUCHRÖLLCHEN
ETWAS QUITTENESSIG

80 G BLANCHIERTE ROSENKOHLBLÄTTER
20 G BUTTER
20 G GERÖSTETE PINIENKERNE

FLAVOUR

Das Ziel, Harmonien
von Aromen zu erschaffen,
befeuerte von jeher
die Kreativität der Haute
cuisine. Die moderne
Aromenforschung gibt
Köchen nun neue
Möglichkeiten an die
Hand, um zum Beispiel
Grundprodukte mit
gleichen Schlüsselaromen
zu verbinden.

VOM STREITBAREN GESCHMACK ZUR AROMENHARMONIE

Die großen Philosophen der vergangenen Jahrhunderte haben zwar umfänglich darüber nachgedacht, ob sich über Geschmack streiten ließe, aber so richtig geklärt scheint die Frage bis heute nicht zu sein. Jedenfalls wenn es nach dem Volksmund geht, denn aus ihm sprudeln munter immer wieder zwei Varianten: 1. Über Geschmack lässt sich streiten. 2. Über Geschmack lässt sich nicht streiten.

Besonders viel zitiert wird allerdings der von Immanuel Kant (1724 – 1804) geprägte Satz *Über Geschmack lässt sich nicht disputieren*. Dabei hat Kant auch gesagt, dass sich über Geschmack streiten ließe. Wie viele seiner Kollegen unterscheidet er jedoch unterschiedliche Arten von Geschmack. Bei Kant ist das, vereinfacht gesagt, auf der einen Seite ein sinnlicher Geschmack, der individuell lustvoll wahrgenommen wird und deshalb unstrittig sei, und auf der anderen Seite ein an Erkenntnis gekoppelter Geschmack, der über das Privaturteil hinausgeht. Kant nennt ihn den *Reflexionsgeschmack*. Ein Geschmack also, über den der Schmeckende nachgedacht hat oder über den er nachdenken sollte.

Der schottische Philosoph David Hume hatte mit seinem Essay *Of the Standard of Taste* bereits im Jahre 1742 eine eindrucksvolle Geschmackstheorie geliefert, die zwar nicht speziell auf das Essen bezogen ist, aber noch heute bei der Betrachtung neuer kulinarischer Entwicklungen sinnvoll angewendet werden kann. Hume beschreibt sowohl einen an individuellen ästhetischen Vorlieben orientierten Geschmack, über den sich nicht streiten ließe, als auch einen tiefgründigen, auf ästhetischer Kompetenz gründenden Geschmack, über den sehr wohl gestritten werden könne. Das ist einleuchtend, denn natürlich lässt sich trefflich darüber streiten, ob und wenn ja, warum, das in einer Fastfoodkette servierte Menü (mit Cola, logisch) schlechter ist als das in einem Spitzenrestaurant servierte (mit Wein, auch logisch). Wer aber am Ende des Disputs dem Fastfoodmenü das gleiche Maß an Eleganz und Genie zuschreibt wie dem Degustationsmenü bei einem Sternekoch, dessen Urteilskraft ist – um es mit Hume zu sagen – ähnlich zweifelhaft wie die desjenigen, „der behauptet, ein Maulwürfshügel sei so groß wie Teneriffa".

WER ABER AM ENDE DES DISPUTS DEM FASTFOODMENÜ DAS GLEICHE MASS AN ELEGANZ UND GENIE ZUSCHREIBT WIE DEM DEGUSTATIONSMENÜ BEI EINEM STERNEKOCH, DESSEN URTEILSKRAFT IST – UM ES MIT HUME ZU SAGEN – ÄHNLICH ZWEIFELHAFT WIE DIE DESJENIGEN, „DER BEHAUPTET, EIN MAULWÜRFSHÜGEL SEI SO GROSS WIE TENERIFFA".

Die Lebensmitteltechnologie kommt nun der Philosophie zur Hilfe. Sie kann mit moderner Verfahrenstechnik auch chemisch beweisen, dass Fastfoodgerichte weitaus weniger zu bieten haben als Kreationen aus der Spitzenküche und in diesem Zusammenhang sowohl haptische Eindrücke im Mund sowie Geschmacks- und Geruchsstoffe, die über Zunge, Rachen und Nase wahrgenommen werden, analysieren. Alle Eindrücke zusammen tragen zu dem bei, was wir in Deutschland unter *Geschmack* verstehen.

Geschmacksstoffe werden bekanntlich mit den Geschmacksrezeptoren auf der Zunge wahrgenommen, von denen inzwischen sechs Grundtypen bekannt sind: Neben süß, sauer, salzig, bitter und umami gilt neuerdings auch Fett als rezeptorisch wahrnehmbar. Die Rezeptoren der jeweiligen Geschmackstypen sind allerdings nicht, wie früher angenommen wurde, auf bestimmte Areale der Zunge beschränkt, sondern verteilen sich über die gesamte Fläche. Da Geschmacksstoffe bei Zimmertemperatur im Regelfall nicht flüchtig sind, können sie auch nur über die Zunge wahrgenommen werden.

Anders sieht es mit den *Aromastoffen* aus. Sie werden als so genannte *flüchtige Verbindungen* über die Nase sowie retronasal über den Rachenraum wahrgenommen. Über 7.000 unterschiedliche flüchtige Substanzen konnten Wissenschaft und Industrie bisher in etwa 450 Lebensmitteln entschlüsseln. Manche Produkte beinhalten nur wenige, andere eine Vielzahl von Aromastoffen. Gerösteter Kaffee zum Beispiel verfügt über eine hochkomplexe Zusammensetzung, in der etwa 850 flüchtige Substanzen zu finden sind. Etwa vierzig davon sind aromaaktiv. Analysiert werden sie mittels Gaschromatographie-Olfaktometer (GCO), ein kostspieliges Gerät mit einem so genannten Sniffing Port, an dem geschulte Analysten sitzen, die aus Gemischen abgetrennte Aromastoffe wahrnehmen sollen. Das GCO trennt flüchtige Verbindungen entsprechend ihrer Polarität oder ihrem Siedepunkt, erfasst sie mit einem Detektor und zeichnet die Ergebnisse auf. Während das Gerät den einen Teil des jeweils herausgelösten Stoffes misst, wird ein anderer Teil des Eluats über den Sniffing Port der Nase eines geschulten Analysten zugeführt. Auf diese Weise können die wichtigsten Informationen über einen Aromastoff, nämlich Zusammensetzung und Geruchsqualität, parallel ermittelt werden. Nicht selten schlägt der menschliche Geruchssinn sogar empfindlicher an als die Detektoren, und Verbindungen werden schon als geruchsaktiv wahrgenommen, obwohl sie im Chromatogramm noch unter der Nachweisgrenze des Detektors liegen. Mithilfe vieler Analysten werden so schließlich für jede Verbindung gesicherte Aromawahrnehmungsschwellen ermittelt, die – in Relation zur Konzentration des im Lebensmittel vorhandenen Inhaltsstoffes gesetzt – den jeweiligen Aromawert, auch Odorant Activity Value (OAV), ergeben. Entsprechend sind Schlüsselaromen (key odorants) solche Inhaltsstoffe, die ein Lebensmittel zweifelsfrei identifizierbar machen, was mithilfe von Weglassversuchen ermittelt wird. Auch liefert die moderne Analytik Möglichkeiten, Aufschluss über Sinn und Unsinn bestimmter Produktionsabläufe in der Küche zu erhalten.

Im Rahmen des Inicon-Projekts untersuchte das ttz Bremerhaven zum Beispiel das Verhalten von Rotwein in Saucen und stellte fest, dass mit jeder Minute Kochzeit des Rotweins nicht nur der Alkohol, sondern auch die für eine Rotweinsauce sonstigen elementaren Aromabestandteile verloren gehen. Nach zwanzig Minuten war der Rotwein in der leicht dampfenden Sauce aromatisch komplett unwirksam geworden. Das in vielen Rezepten empfohlene und gerne praktizierte Ablöschen mit Wein vor Reduktion macht also in der Regel gar keinen Sinn. Der Wein sollte erst kurz vor dem tatsächlichen Gebrauch der Sauce aufgegossen

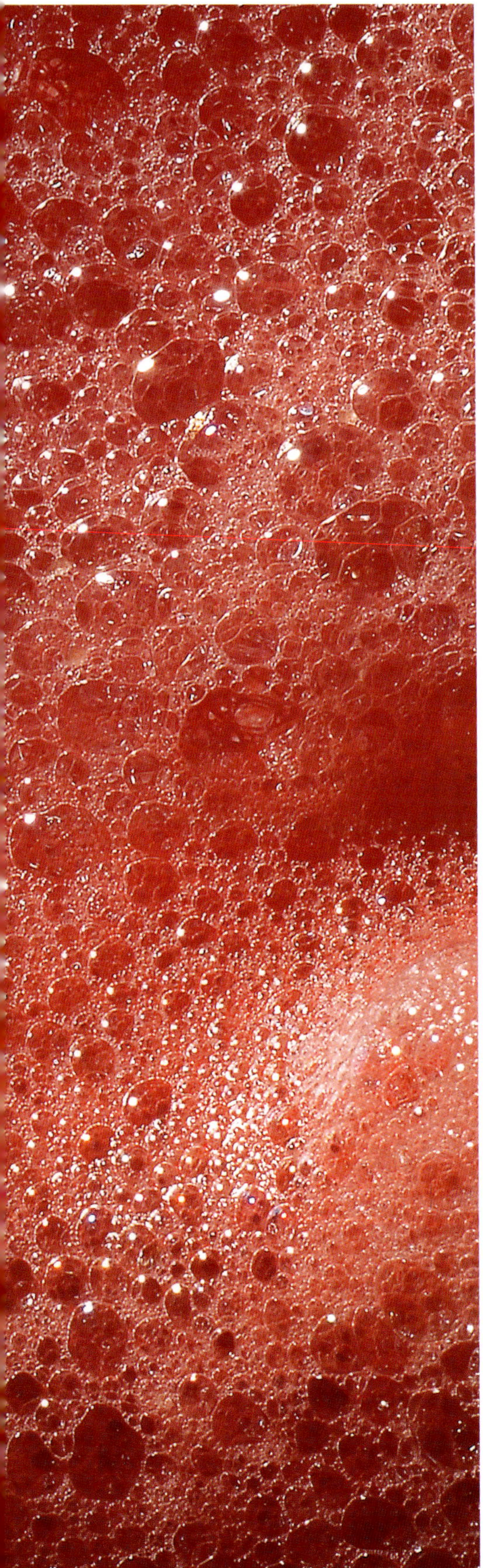

werden, wenn sein Aroma wirksam werden soll. Überhaupt sind Saucen ein heißes Thema der aktuellen Aromaforschung. Ein Team um Professor Thomas Hoffmann, der inzwischen an der TU München lehrt, hat bei Untersuchungen im Jahre 2004 an der Universität Münster den Inhaltsstoff Alapyridain entdeckt und isoliert. Es handelt sich um ein spezielles Salz, das auf der Basis von Glucose-Alanin-Verbindungen als natürlich vorkommender Geschmacksverstärker beim Kochen von Rinderfond entsteht und die Wahrnehmung von süßen, salzigen und umami-würzigen Geschmacksstoffen deutlich erhöht. Es scheint fast so, als könne die Qualität einer Sauce bald messbar werden.

AROMENFORSCHUNG UND IHR NUTZWERT FÜR DIE KÜCHE

Von den Erkenntnissen der Aromenforschung profitierte bislang hauptsächlich die Lebensmittel- und Kosmetikindustrie, denen es zumeist darum geht, charakteristische Aromen künstlich nachzubilden, weil das einerseits billiger ist als Frischeprodukte zu nutzen und andererseits die benötigten Ausgangsprodukte wie zum Beispiel Erdbeeren für die unzähligen Millionen Becher Erdbeerjoghurts gar nicht zu beschaffen sind. Die Weltjahresernte von Erdbeeren liegt bei unter 2 Mio. Tonnen, bleibt also im Vergleich zu Orangen (55 Mio. Tonnen) und Bananen (48 Mio. Tonnen) verschwindend gering. Das naturgetreue Nachbilden von Aromen ist allerdings eine komplizierte Problematik. Für die richtige Zusammensetzung, das *Blending*, müssen aus über 2.000 unterschiedlichen Rohmaterialien die passenden ausgewählt werden, um ein naturgetreues Aroma zu erzeugen, und in vielen Fällen – das schließt die Erdbeeren ausdrücklich ein – gelingt das noch nicht annähernd befriedigend. *Biotransformation* nennen es die Lebensmitteltechnologen, wenn sie aus Hanf Zitronenaroma generieren oder mithilfe eines Porenpilzes (Trameten), der auf Totholz lebt und dort Weißfäule erzeugt, ein Mandelaroma erschaffen.

Für die Haute cuisine sollte diese Art von Aromasuggestion auch in Zukunft kaum von Nutzen sein können und dürfen, denn sie arbeitet mit den ursprünglichen Aromagebern. Gleichwohl wird für sie die Aromenforschung aus drei anderen Gründen in der Zukunft stark an Bedeutung gewinnen: Erstens liefert sie sehr genaue Aufschlüsse darüber, wie Fehlaromen, die so genannten *off flavours*, entstehen, woran sie erkannt werden können und welche lagerungs- und verarbeitungstechnischen Regeln daraus abzuleiten sind. Zweitens können Erkenntnisse über Aromenmaskierung für die tägliche Arbeit von Bedeutung sein, also Informationen darüber, welche Zutaten in Rezepturen dafür sorgen, dass andere nicht ihre volle Wirkung entfalten. Es geht also um einen sehr bewussten Umgang mit Zutaten, der auch offensiv genutzt werden kann, um geplant zu maskieren, zum Beispiel die Bitternote auszublenden, die beim Erwärmen von Avocados entsteht. Drittens eröffnet die Aromenforschung für die Haute cuisine neue Perspektiven zur Aromenharmonie über die Kombination von Grundprodukten, deren Verbindung oft abwegig erscheint, bei denen aber Überschneidungen von Schlüsselaromen vorliegen, die im Ergebnis ein harmonisches Ganzes erzeugen können. Wohl gemerkt können, nicht müssen. Es liegt nun wirklich nicht auf der Hand, Erdbeeren mit Koriandergrün zu kombinieren oder Bananen mit Petersilie, aber dieser noch junge Aspekt des molekular inspirierten Kochens, der im letzten Jahr unter der Bezeichnung *Flavour Pairing* oder auch *Food Pairing* seinen Anfang nahm, öffnet neue Horizonte. Ein Ansatz, von dem auch einige Rezepte in diesem Buch inspiriert sind.

Der Reinheit des ursprünglichen Aromas verpflichtet zu sein, wie Ferran Adrià es gerne formuliert, stellt einen Koch vor eine der schwierigsten Aufgaben überhaupt, denn mit jedem Schritt im Zubereitungsprozess wird Ursprünglichkeit zerstört. Einige Schritte sind – wie im Abschnitt über Garprozesse schon beschrieben – als Denaturierungsvorgänge zur Genießbarmachung eines Grundprodukts unabdingbar, gleichwohl wohnt ihnen auch eine künstlerische, kreative Komponente inne, denn wie gegart und denaturiert wird, entscheidet der Koch mit Blick auf das Gesamtergebnis, das fertige Gericht. Der Reinheit des ursprünglichen Aromas käme zum Beispiel die reife, frisch gepflückte und unverarbeitet servierte Erdbeere nahe, die der Gast auf seinem Teller liegen hat. Denn Erdbeeren, das haben Untersuchungen ergeben, sind aromatechnisch höchst sensibel, sie verlieren schon durch Aufschneiden binnen weniger Minuten die meisten ihrer typischen Aromastoffe. Aber durchgängig völlig unbearbeitete Rohkost zu servieren ist nun mal keine Kochkunst. Es geht in der anspruchsvollen Küche daher auch nicht wirklich um die Pflege der Reinheit des ursprünglichen Aromas, sondern um die Intensivierung von Typizität. Die produkttypischen Aromen sollen nach Bearbeitung des Grundprodukts erkennbar und von anderen beigefügten Produkten abgrenzbar bleiben, und nicht selten erscheint die fertige Zubereitung am Ende erdbeeriger als Erdbeere und karottiger als Karotte. Am Beispiel der Schwarzen Johannisbeere wird allerdings auch deutlich, dass Konzentrationsprozesse ihre Tücken haben. Sie verströmt nach leichter Konzentration das Aroma von Crème de Cassis, weiter konzentriert aber den beißenden Gestank von Katzenurin.

Die Ursachen für Fehlaromen sind vielfältig, sie können aber grundsätzlich in vier Bereiche unterschieden werden, wobei es hier um die für den Koch beeinflussbaren Faktoren gehen soll. Er muss ein Höchstmaß an Kontrolle ausüben können, und das fängt schon beim Einkauf an. Regionale Bio-Produkte, die möglichst direkt bei nahe gelegenen Erzeugern bezogen werden, sind solchen vom Großmarkt vorzuziehen. Am besten vergewissert man sich persönlich vor Ort beim Erzeuger über Produktionsbedingungen und -prozesse sowie ordnungsgemäße Lagerung. Kartoffeln, die auf dem Bauernhof direkt neben dem Schweinestall in nur leidlich kühlen, kaum abgedunkelten Räumen aufbewahrt werden, dürften kaum beste Qualität aufweisen. Gleiches gilt für mit allen erdenklichen Küchenabfällen gefütterte Tiere, deren Fleisch Fehlaromen entwickeln kann. Schlechte Stallluft und falsches Futter gelangen über Atmungs- und Verdauungstrakt der Kuh in die Milch und können am Ende sogar *off flavours* im Käse verursachen. Auch der Einsatz von Bioziden und sonstige Umwelteinflüsse wirkt sich aus – insbesondere auf das Aroma von Obst, Gemüse und Getreide. Es gilt also verlässliche Geschäftsbeziehungen zu Erzeugern und Lieferanten aufzubauen, die für den Einkauf ein Höchstmaß an Produktqualität garantieren.

DER REINHEIT DES URSPRÜNGLICHEN AROMAS VERPFLICHTET ZU SEIN, WIE FERRAN ADRIÀ ES GERNE FORMULIERT, STELLT EINEN KOCH VOR EINE DER SCHWIERIGSTEN AUFGABEN ÜBERHAUPT, DENN MIT JEDEM SCHRITT IM ZUBEREITUNGSPROZESS WIRD URSPRÜNGLICHKEIT ZERSTÖRT.

Nach dem Einkauf kommt der Lagerhaltung im eigenen Betrieb große Bedeutung zu. Verderb, Oxidation oder ungewollter Aromenübergang, verursacht durch Verpackungen oder andere Lebensmittel, die im Kühlhaus zu nah bei den durch sie kontaminierten gelegen haben, ist eine häufige Ursache für die Entwicklung von Fehlaromen. Der beste Einkauf nutzt nichts, wenn der gerade gewonnene Vorteil durch unsachgemäße Lagerung wieder verspielt wird. Mehrere Kühlhäuser und schimmelfreie Kellerräume sind für die Sicherung von Aromaqualität durch getrennte Lagerungsmöglichkeiten für Fisch, Fleisch, Gemüse und Obst unabdingbar. Die Erkenntnis ist wahrlich nicht neu, gleichwohl existieren immer noch tausende Restaurants, die in nur einem Kühlhaus alles gebunkert haben, was – mit Ausnahme von Bier und Wein – irgendwie gekühlt werden muss. Gewissenhafte Gastronomen sollten Investitionen in diesem Bereich deshalb jeder Aufhübschung von Gasträumen vorziehen. Es ist eine Investition ins Essen.

Dritter Grund für die Entwicklung von Fehlaromen ist falsche thermische Behandlung, wie am Beispiel der Johannisbeere schon beschrieben wurde. Als letzter und sehr komplexer Bereich ist die Zusammensetzung einzelner Gerichte von Bedeutung. In den neunziger Jahren wurden Gerichte auf Speisekarten oft mit der Bezeichnung *Liason* umschrieben, womit eine besondere Verbindung, ein Liebesverhältnis, zwischen zwei oder mehr Zutaten gemeint war. Aber wie wir wissen, ist nicht jeder, der einen Ehering trägt, auch glücklich verheiratet. Und so ist es mit Verbindungen auf dem Teller auch, über deren Tragfähigkeit besonders Gastronomiekritiker gerne streiten. Denn ob es geschmackliche Disbalancen gibt und manche Zugaben im Aroma zu deutlich, andere kaum hervortreten, oder ob die texturellen Eindrücke im Mund eindrucksvoll sind oder belanglos, sind nicht nur Fragen individueller Vorlieben, sondern können einer durchaus verallgemeinerbaren ästhetischen Betrachtung unterworfen werden.

FLAVOUR PAIRING – MOLEKÜLE ALS IDEENGEBER

„Wenn du smart genug bist, kannst du alles mit allem mischen", schrieb uns Hervé This einmal zum Thema Flavour Pairing. Aber die Verwegenheit ist in Deutschlands Küchen noch nicht weit genug vorangekommen. Zu groß ist die Angst, vom Gast nicht verstanden oder vom Spott der Kritiker ereilt zu werden, die zwar einerseits nicht müde werden, über fehlende Kreativität zu klagen, andererseits aber Kübel des Hohns über Köche ausgießen, die Extremes wagen.

Wie klug und zugleich verwegen Aromapaarungen angegangen werden können, zeigt eine im April 2007 gestartete Aktion des norwegischen Wissenschaftlers Martin Lersch. In seinem weblog www.blog.khymos.org – das bereits mit dem renommierten Thinking Blogger Award ausgezeichnet wurde – rief er die Aktion „They Go Really Well Together", kurz TGRWT, ins Leben. Ziel des Food Blogging Events war und ist es – an konkreten Vorgaben orientiert – herauszufinden, welche Lebensmittel mit gleichen Schlüsselaromen tatsächlich miteinander harmonieren. Die Teilnehmer sind aufgerufen, Rezepte zu kreieren sowie in Kochbüchern nach bereits vorhandenen Kreationen mit gleichen Schlüsselaromen zu

> „WENN DU SMART GENUG BIST, KANNST DU ALLES MIT ALLEM MISCHEN."

suchen. Einige schon lange bekannte Aromenharmonien werden durch die Analyse verständlicher. So enthalten Tomaten und Basilikum die Molekülverbindung (Z)-3-Hexanal, das so genannte Blätteraldehyd, als Schlüsselaroma. Auch bei Koriander, Grünem Tee und Erdbeeren spielt (Z)-3-Hexenal als Aromageber eine entscheidende Rolle, und das regt natürlich zum Experimentieren an. Auf dieser Basis werden im TGRWT-Projekt Monat für Monat neue Paarungsvorschläge ausgegeben, die von kochenden Bloggern und bloggenden Köchen in Rezeptideen verwandelt werden. In der ersten Runde wurden zum Beispiel Kaffee, Schokolade und Knoblauch kombiniert, in der vierten Minze und Senf und in der siebten Blumenkohl und Kakao.

Sicher, Harmonie ist keine naturwissenschaftlich messbare Größe, weil sie keine reale Basis, sondern mit Kunst zu tun hat. Trotzdem – und da sind wir wieder bei David Hume und dem streitbaren Geschmack – passen manche Dinge eben sehr gut, andere weniger oder schlecht zusammen. Und das an Schlüsselaromen orientierte Flavour Pairing als Ideengeber für neue Aromenakkorde zu nutzen, ist ein Weg, der schon jetzt für reichlich Bewegung gesorgt hat, obwohl er erst von wenigen Köchen beschritten wird. Diese wenigen, wie Heston Blumenthal, nutzen zum Beispiel Informationen aus der VCF-Datenbank (Abkürzung für *volatile compounds of food*), eine Software des amerikanischen Unternehmens Leffingwell, die 1.800 Euro kostet und Aromastoffe von rund 650 Lebensmittelgrundprodukten entsprechend zugeordnet auflistet. Auch die Anschaffung des englischsprachigen Standardwerks zum Thema Aroma *Flavourings* (Hrsg. Herta Ziegler / Wiley-Verlag) kann sinnvoll sein, zumal hier auch weitergehende Informationen über den aktuellen Stand der Aromaforschung zu finden sind. Seit Dezember 2007 ermöglicht www.foodpairing.be einen kostenlosen Einblick in die Welt der flüchtigen Aromastoffe. Im Stile einer Mindmap werden auf der Basis von 250 Aromaverbindungen Nahrungsmittel gruppenweise zugeordnet. Sie sind als Themenbäume angelegt, die als Stamm ein Ausgangsprodukt kennzeichnen, wie zum Beispiel Apfel, von dem dann Äste abzweigen, die alle Produkte mit Inhaltsstoffüberschneidungen gruppenweise zuordnen. Für den Apfel sind das 16 passende Produkte. Darunter solche wie Blumenkohl, Kaffee, Camembert und Koriandersamen. Noch dokumentiert die Seite keine einzelnen Inhaltsstoffe und benennt auch nicht explizit höhergradige Schnittmengen, also Nahrungsmittel mit mehr als einem gemeinsamen Schlüsselaroma. Aber für den Einstieg in die Welt des Flavour Pairings ist das Angebot durchaus geeignet.

Wer nun in Sachen Aromaqualität und Flavour Pairing voran kommen möchte, sollte unbedingt systematisch vorgehen und eine Art Logbuch oder besser noch eine kleine Datenbank im Computer anlegen, in der täglich nicht nur alle für eine Zubereitung eingesetzten Produkte dokumentiert werden, sondern auch Lagerzeiten, Lieferanten und Erzeuger sowie jede noch so kleine Besonderheit, die im Zubereitungsprozess auffällt. Und natürlich jede ausprobierte Rezeptur, unabhängig davon, ob sie es am Ende in die Menükarte geschafft hat oder nicht. So kann eine sehr nützliche Wissensbasis aufgebaut werden, die über die Jahre immer wertvoller wird.

ERBSENSUPPE ALS AUFGUSS, EISBEINPRALINE

ERBSENSUPPE

400 G	ERBSEN, AUS DER SCHALE GELÖST
1 L	FLÜSSIGER STICKSTOFF
½	BUND BLATTPETERSILIE
300 ML	HELLER GEFLÜGELFOND
1	ZWEIG LIEBSTÖCKEL
1	STÜCK SCHINKENSCHWARTE

EISBEINPRALINE

1	EISBEIN
1	KAROTTE
1	STÜCK SELLERIE
1	STÜCK LAUCH
1	KLEINE GERÖSTETE ZWIEBEL
1	KNOBLAUCHZEHE
	ETWAS SOJASAUCE
2 EL	HELLER TAFELESSIG
	ETWAS KREUZKÜMMEL
1	LORBEERBLATT
2	NELKEN
2	WACHOLDERBEEREN
	WENIGE PFEFFERKÖRNER
2	BLATT GELATINE
70 G	GEMÜSEBRUNOISE AUS SELLERIE, LAUCH UND KAROTTE

ERBSENSUPPE Die Erbsen mit 14 Gramm Salz auf einen Liter Wasser blanchieren. In Eiswasser abschrecken und trocken tupfen. 300 Gramm der Erbsen in die Hälfte des Stickstoffs geben und darin so lange kochen, bis der Stickstoff verdampft ist. In den Thermomix geben und pulverisieren. Kurz vor dem Servieren in dem restlichen Stickstoff kochen und auf ein Sieb gießen.
Die Blattpetersilie zupfen, einen Teil zur Seite stellen. Den Geflügelfond mit den Kräutern und der Schinkenschwarte auf 60 °C erwärmen und 30 Minuten ziehen lassen. Durch ein Tuch passieren und zum Servieren in eine Teekanne geben. Erbsen in den Teeeinsatz geben und in die heiße Infusion einsetzen. Darin ausziehen lassen.

EISBEINPRALINE Das Eisbein mit dem Gemüse, etwas Sojasauce und dem Essig aufsetzen. Einmal aufkochen, abschäumen, dann Kreuzkümmel, Lorbeerblatt, Nelken, Wacholderbeeren und Pfefferkörner zugeben. Nur noch leise simmern lassen. Der Fond soll klar bleiben. Wenn das Eisbein gar ist, herausnehmen und auslösen. Das Fleisch würzen, in eine Form pressen und kalt stellen. Den Fond auf 200 Milliliter reduzieren, die eingeweichte und ausgedrückte Gelatine dazugeben. Würzig abschmecken. Das Eisbein in 3 x 3 Millimeter große Würfel schneiden und mit den Gemüsebrunoise vermengen. In halbrunde Formen geben und mit dem Gelee aufgießen. Für mindestens zwei Stunden kalt stellen. Dann aus der Form lösen. Die flache Seite kurz anwärmen und zwei Stücke zu einer Kugel verbinden. Kalt stellen.

FERTIGSTELLUNG Das Erbsenpulver in einen Teller geben und die Eisbeinkugel darauf platzieren. Beiseite gestellte Petersilie in Julienne schneiden und Eisbeinkugel damit garnieren. Den Sud separat servieren und zuletzt über die Eisbeinsülze gießen, so dass sich die Komponenten miteinander verbinden.

BROTSUPPE MIT OLIVENÖL

Einen Tag vor der Zubereitung des Gerichtes das Ochsenbrot in Scheiben schneiden und im Dehydrator trocknen.

100 G	OCHSENBROT VON GAUES TRADITIONELLE BACKWAREN
100 ML	OLIVENÖL
1 L	STICKSTOFF
1	GEWÜRFELTE SCHALOTTE
40 G	KLEIN GESCHNITTENES WURZELGEMÜSE
	ETWAS OLIVENÖL
30 ML	SANCERRE
300 ML	HELLEN KALBSFOND
JE 1	ZWEIG ROSMARIN UND THYMIAN
1	KNOBLAUCHZEHE
30 ML	KALBSJUS
20ML	NOILLY PRAT
150 ML	HELLEN KALBSFOND
30 ML	KANNE BROTTRUNK
6	GESTRICHENE PORTIONSLÖFFEL EMULZOON
	FLEUR DE SEL
3 G	DUCCA
20	DÜNNE BROTCHIPS

Das Olivenöl in eine 0,5-l-Espumaflasche geben, mit einer Patrone begasen und in Stickstoff sprühen. Bitte ausreichend großes Gefäß benutzen, da sich das Olivenöl bis zum Zehnfachen seines ursprünglichen Volumens ausdehnt. Den Olivenölgrieß auf ein Sieb gießen, etwas antauen lassen und fest pressen, so dass eine Paste entsteht.

Die Schalotte mit dem Wurzelgemüse in Olivenöl anschwitzen. Leicht salzen. Mit dem Sancerre ablöschen und mit 300 Milliliter hellem Kalbsfond auffüllen. Die Kräuter und die angedrückte Knoblauchzehe dazugeben, kurz verkochen lassen, Kräuter und Knoblauchzehe wieder entnehmen. Den Kalbsjus und den Noilly Prat dazugeben, den Sud würzig abschmecken, dann mit der Olivenpaste emulgieren und abfüllen.

Das getrocknete Ochsenbrot im Thermomix pulverisieren. 150 Milliliter Kalbsfond und den Brottrunk erwärmen. Das Brotpulver dazugeben und mit dem Emulzoon montieren. Etwas stehen lassen und mit einem Sieblöffel auf den Fond geben. Mit etwas Ducca bestreuen und mit den Brotchips servieren.

WALLERBAUCH, LAUCH-EMULSION, RÄUCHERÖL, SOT-L'Y-LAISSE

WALLERBAUCH

8	SEGMENTE WALLERBAUCH À 30 G
1	ZWEIG THYMIAN
40 G	BUTTER
4	SEGMENTE WALLERBAUCH À 40 G
20 ML	LIMONENÖL VON AGRIVERDE
4	SEGMENTE MAISPOULARDEN-HAUT, 10 x 10 CM
20 G	BUTTER

SOT-L'Y-LAISSE

8	STÜCKE SOT-L'Y-LAISSE
20 G	NUSSBUTTER
60 ML	GEFLÜGELJUS
20	WÜRFEL RÄUCHERAAL À 5 x 5 MM

RÄUCHERÖL

20 ML	RAPSÖL DER TEUTOBURGER ÖLMÜHLE
15 ML	ZERLASSENES UND PASSIERTES GEFLÜGELFETT VON POULARDEN
0,5 G	GLICE
15 ML	HICKORY SMOKE

LAUCHEMULSION

200 ML	RAPSÖL DER TEUTOBURGER ÖLMÜHLE
100 G	LAUCHGRÜN

LAUCHSCHAUM

100 G	HELLER LAUCH
1	GEWÜRFELTE SCHALOTTE
10 ML	OLIVENÖL
20 ML	NOILLY PRAT
50 ML	WEISSWEIN
100 ML	GEFLÜGELFOND
80 ML	SAHNE
40 G	SAURE SAHNE

WALLERBAUCH Sie 8 Segmente Wallerbauch mit dem Thymian in steigender Butter von jeder Seite 1 Minute braten und dann im hold-o-mat bei 55 °C weiter ziehen lassen.
Die 4 Segmente Wallerbauch, längs geschnitten, mit Limonenöl marinieren und zur Seite stellen. Die Maispoulardenhaut putzen und auf ein Pergament legen. Die Wallersegmente in der Haut einrollen und in Klarsichtfolie eindrehen. Anschließend in Alufolie fixieren und bei 75 °C Wassertemperatur 2 Minuten pochieren. In Eiswasser abschrecken und aus den Folien wickeln. Bei Bedarf in steigender Butter rundum goldgelb anbraten.

SOT-L'Y-LAISSE Die Sot-l'y-laisse parieren. Dann in der Nussbutter kurz sautieren. Herausnehmen, auf einem Tuch abtupfen und mit dem Geflügeljus glasieren. Den Räucheraal kurz in der noch warmen Pfanne mit Nussbutter schwenken.

RÄUCHERÖL Das Rapsöl mit dem Geflügelfett auf 50 °C erwärmen und das Glice dazugeben. Kurz auflösen lassen und in einem dünnen Strahl unter das Hickory Smoke montieren. Bei Bedarf den Wallerbauch damit einstreichen.

LAUCHEMULSION Rapsöl und Lauchgrün im Thermomix kurz pürieren und 24 Stunden stehen lassen. Durch ein Superbag passieren und in einem Glas mit Deckel aufbewaren.

LAUCHSCHAUM Den hellen Lauch in feine Steifen schneiden. Mit der Schalotte kurz in Olivenöl anschwitzen, leicht salzen und mit dem Noilly Prat ablöschen. Mit Weißwein und Geflügelfond auffüllen und kurz verkochen lassen. Sahne zugeben und noch einmal aufkochen lassen. Im Thermomix pürieren und die saure Sahne dabei montieren. Passieren und würzig abschmecken. Bei Bedarf schaumig aufschlagen.

BOUILLON-KARTOFFELN Die Kartoffelwürfel in Salzwasser einmal kurz blanchieren. Den Geflügelfond mit dem Sellerie und der Karotte aufkochen. Die Kartoffeln dazugeben und im Backofen bei 150 °C gar ziehen lassen. Den Majoran kurz vor Garende zugeben. Die Kartoffeln vor dem Servieren mit Apfelessig und Fleur de Sel würzig abschmecken. Die Romanesco-Röschen in der Bouillon erwärmen und abschmecken.

FERTIGSTELLUNG Die Hautroulade anrichten. Mit der Lauchemulsion umgießen und mit dem aufgeschlagenen Lauchschaum anrichten. Ein wenig vom Geflügeljus angießen. Den Wallerbauch mit dem Sot-l'y-laisse belegen und den Aal arrangieren. Die Kartoffeln mit dem Romanesco und Pinienkernen anrichten.

BOUILLON-KARTOFFELN

20	KARTOFFELWÜRFEL, 1 x 1 CM
150 ML	HELLER GEFLÜGELFOND
1	KLEINES STÜCK SELLERIE
1	KLEINE KAROTTE
1	ZWEIG MAJORAN
	ETWAS APFELESSIG
	FLEUR DE SEL
8	BLANCHIERTE ROMANESCO-RÖSCHEN

FERTIGSTELLUNG

GERÖSTETE PINIENKERNE

SAUERBRATEN, ROSINEN, KARTOFFEL

SAUERBRATEN Das Rindfleisch mit den anderen Zutaten vakuumieren und 3 Tage marinieren. Das Fleisch herausnehmen, abtupfen und sanft anbraten. Mit den Gewürzen und einem Teil des Essigsuds erneut vakuumieren. Bei 65 °C im Julabo-Wasserbad 18 Stunden garen. In Eiswasser abschrecken und bei Bedarf regenerieren.

SUD Den Tafelspitzfond mit dem grob gewolften Klärfleisch und Eiweiß versetzen. Die Sojasauce und die Gemüsewürfel dazugeben. Einen Teil des Essigsuds vom Sauerbraten dazugeben und wie gewohnt klären. Fein passieren und würzig säuerlich abschmecken.

ROSINEN Die Rosinen in feine Würfel schneiden und mit dem Essigfond einweichen. Etwas abgießen und die Rosinen mit dem Muscovadozucker bestreuen. Vor dem Servieren den Schnittlauch zugeben.

KARTOFFELWÜRFEL Die blanchierten Kartoffelwürfel in Stickstoff kochen und bei 50 °C im Dehydrator 3 Stunden trocken lassen. Leicht salzen.

FERTIGSTELLUNG Den Sauerbraten in schöne Stücke schneiden und anrichten. Den Kalbsjus reduzieren, mit Mumme abschmecken und das Fleisch damit glasieren. Die Rosinen platzieren und die trocken erwärmten Kartoffelwürfel dazu geben. Den heißen Sud erst kurz vor dem Servieren eingießen.

SAUERBRATEN

1 KG	FEIN GEMASERTES RINDFLEISCH
4	LORBEERBLÄTTER
10	ZERSTOSSENE PFEFFERKÖRNER
4	PIMENTKÖRNER
5	LEICHT ANGEDRÜCKTE WACHOLDERBEEREN
500 ML	SPANISCHER ESSIG
1	ZWEIG ROSMARIN

SUD

500 ML	TAFELSPITZFOND
100 G	KLÄRFLEISCH AUS DER HAXE
1	EIWEISS
1	SPRITZER SOJASAUCE
40 G	GEMÜSEWÜRFEL AUS KAROTTE, SELLERIE UND LAUCH

ROSINEN

50 G	WEISSE ROSINEN
50 ML	ESSIGFOND
1 TL	MUSCOVADOZUCKER
1	BUND SCHNITTLAUCH, IN FEINE RINGE GESCHNITTEN

KARTOFFELWÜRFEL

120 G	BLANCHIERTE KARTOFFELWÜRFEL 5 X 5 MM
300 ML	STICKSTOFF

FERTIGSTELLUNG

100 ML	REDUZIERTER UND LEICHT GEBUNDENER KALBSJUS
20 ML	MUMME

PETERSILIEN-RISOTTO, KAPERNHACHÉE, BANANEN, JOHANNISBROT

PETERSILIEN-RISOTTO

1	SCHALOTTE, FEIN GEWÜRFELT
100 G	ARROZ-BOMBA-REIS
20 ML	NOILLY PRAT
200 ML	GEMÜSEFOND
50 ML	PETERSILIENWASSER
2 EL	PETERSILIENPESTO
1 EL	GERIEBENER PARMESAN

PETERSILIENLUFT

150 ML	PETERSILIENWASSER
	FLEUR DE SEL
2	GESTRICHENE PORTIONSLÖFFEL EMULZOON

KAPERNHACHÉE

1	GEWÜRZGURKE
10 G	SARDELLENFILET VON ENOLOGOS
20 G	KAPERN NONPAREILLES
	ABRIEB VON EINER 1/4 ZITRONE
12	GROSSE KAPERN
	ETWAS SPEISESTÄRKE
300 ML	ERDNUSSÖL ZUM FRITTIEREN

BANANEN

1	BANANE
	ETWAS PUDERZUCKER
4	MINIBANANEN
1 EL	HONIG
1	SPRITZER CHILIÖL
30 G	BUTTER

TEIGFÄDEN

30 G	BUTTER
50 G	KATEIFITEIGFÄDEN
2	TROPFEN KARDAMOMÖL VON ROSARIA

FERTIGSTELLUNG

	GEMÖRSERTES JOHANNISBROT
	FRITTIERTE BLATTPETERSILIE ALS GARNITUR

RISOTTO Die Schalotte in etwas Olivenöl anschwitzen und salzen. Den Reis dazugeben und glasig rühren. Mit dem Noilly Prat ablöschen und mit Gemüsefond auffüllen. Im Backofen 15 Minuten bei 170 °C garen lassen. Das Petersilienwasser dazugeben und weiter garen lassen. Nach dem Garende das Pesto dazugeben und den Parmesan unterheben. Nur noch kurz stehen lassen.

PETERSILIENLUFT Das Petersilienwasser in ein großes Gefäß geben und salzen. Mit einem Stabmixer das Emulzoon montieren und viel Luft unterschlagen. Den Schaum stehen lassen und bei Bedarf abnehmen.

KAPERNHACHÉE Die Gurke schälen, entkernen und in feine Würfel schneiden. Das Sardellenfilet in feine Würfel schneiden und zu den Gurkenwürfeln geben. Die Kapern gut ausdrücken, fein hacken und ebenfalls zu den Gurkenwürfeln geben. Mit dem Zitronenabrieb aromatisieren. Die großen Kapern mit Speisestärke bestäuben und in dem Öl frittieren.

BANANEN Die Banane schälen und dünn längs aufschneiden. Mit etwas Puderzucker bestäuben und im Dehydrator bei 40 °C trocknen lassen. Die geschälten Minibananen mit Honig, Chiliöl und Butter in einen Kochbeutel geben und 30 Minuten im Wasserbad bei 56 °C pochieren. Herausnehmen und den Sud in einer Pfanne binden. Die Bananen kurz darin wenden und aufschneiden.

TEIGFÄDEN Die Butter zerlassen und die Teigfäden damit beträufeln. Im Backofen bei 170 °C goldgelb backen. Zur Seite stellen und bei Bedarf verwenden.

FERTIGSTELLUNG Den Risotto mit Hilfe eines Rings anrichten. Die Bananen arrangieren, leicht salzen und mit der Petersilienluft abschließen. Das Johannisbrot anrichten. Aus dem Kapernhachée eine Nocke formen und auf dem Risotto anrichten. Mit dem Kateifiteig belegen und die frittierte Blattpetersilie arrangieren. Den Bananenchip anlegen und servieren.

ZITRUSGRANITÉE, MILCHSCHAUM, LORBEER ALS „ESPRESSO“

ZITRUSGRANITÉE Von der Schale der Zitrusfrüchte einzelne breite Streifen schneiden und das weiße Fruchtfleisch entfernen. Schalen in feinste Streifen schneiden und mit Glucosesirup sowie Essig 3 Minuten verkochen, bis eine leicht fließende Masse entstanden ist. In ein Glas abfüllen, verschließen und auskühlen lassen.

Von den Grapefruits die Filets auslösen. 12 Filets in Olivenöl mit Rosmarin 40 Minuten bei 70 °C konfieren. Die anderen Grapefruitfilets klein schneiden. Die restlichen Früchte auspressen und mit dem Läuterzucker abschmecken. Auf flache Bleche geben und einfrieren. Gelegentlich die Kristalle lösen und wieder frieren lassen.

Die Lorbeerblätter in der Kräutermühle mahlen und in eine Espressokanne geben. Trehalosezucker und Wasser zufügen. Die Kanne aufsetzen und kochen lassen. Den aufsteigenden Sud fein passieren.

PARFAIT Zucker, Glucose und Wasser kurz aufkochen, die Eigelbe schaumig schlagen, den heißen Zucker sowie die geschmolzene Kuvertüre unter Rühren zugeben und kalt schlagen, bis die Masse cremig ist.
Vanillemark und Crème de Cacao unter die Eigelbmasse schlagen, die Sahne unterheben. Parfait in eine eckige Form geben und mindestens 6 Stunden frieren lassen. Bei Bedarf in lange Segmente schneiden und auf Glasspieße setzen.

MILCHSCHAUM Milch mit dem Öl auf 60 °C erhitzen, dann mit dem Emulzoon schaumig schlagen. Etwas stehen lassen, dann den Schaum mit einem Sieblöffel abheben.

FERTIGSTELLUNG Die Grapefruitfilets anrichten und abflämmen. Mit dem Lorbeersud begießen und mit der Minze garnieren. Die geschnittenen Grapefruits leicht zuckern und in einem Glas anrichten. Mit dem warmen Milchschaum anrichten. Das Granitée in ein Gefäß geben und mit den kandierten Zitrusschalen garnieren. Das Parfait anrichten und mit den Pistazien garnieren.

ZITRUSGRANITÉE

1	LIMONE
2	ORANGEN
3	ROTE GRAPEFRUIT
1	POMELO
30 G	GLUCOSESIRUP
10 ML	SPANISCHER ESSIG
100 ML	OLIVENÖL
1	ZWEIG ROSMARIN
150 ML	LÄUTERZUCKER
10	LORBEERBLÄTTER
100 G	TREHALOSEZUCKER
30 ML	WASSER

PARFAIT

60 G	ZUCKER
1 EL	GLUCOSE
1 EL	WASSER
4	EIGELBE
20 G	WEISSE KUVERTÜRE
1	TAHITI-VANILLESCHOTE
20 ML	CRÈME DE CACAO
250	GESCHLAGENE SAHNE

MILCHSCHAUM

100 ML	FETTARME MILCH
2	TROPFEN ROSA-PFEFFER-ÖL VON ROSARIA
2	GESTRICHENE PORTIONSLÖFFEL EMULZOON

FERTIGSTELLUNG

MINZE ALS GARNITUR
ETWAS GEHACKTE PISTAZIE

FRUCHTPRALINEN, WEISSE SCHOKOLADE

- 200 ML SAHNE
- 500 G WEISSE SCHOKOLADE, VALRHONA IVOIRE
- 1 TAHITI-VANILLESCHOTE
- 40 ML KRÄUTERLIKÖR AUS WILDEM WERMUT VON DIRKER
- 3 BLATT GELATINE

- 210 ML UNGESÄTTIGTER LÄUTERZUCKER
- 9 G VEGETARISCHE GELATINE VON SOSA

- 10 BLAUBEEREN
- 2 TROPFEN INGWERÖL VON ROSARIA

- 1 PASSIONSFRUCHT
- 1 TROPFEN KORIANDERÖL VON ROSARIA

- 3 ERDBEEREN
- 2 TROPFEN BASILIKUMÖL VON ROSARIA

- 10 JOHANNISBEEREN
- 1 TROPFEN THYMIANÖL VON ROSARIA

- 10 STÄNGEL SISHO-KRESSE
- 1 TROPFEN VANILLE-BOURBONÖL VON ROSARIA

- 10 GETROCKNETE KIRSCHEN
- 1 TROPFEN GEWÜRZNELKENÖL VON ROSARIA

- 10 ESSIGKIRSCHEN
- 2 TROPFEN ROSA-PFEFFER-ÖL VON ROSARIA

Die Sahne auf 60 °C erhitzen, die weiße Schokolade darin schmelzen lassen, dann das Vanillemark, den Kräuterlikör und die eingeweichte Gelatine dazugeben. Kurz verrühren und in eine mit Klarsichtfolie ausgelegte Form 5 Millimeter hoch eingießen. Mindestens 4 Stunden kalt stellen. Bei Bedarf Kreise mit 2,5 Zentimeter Durchmesser ausstechen.

Den Läuterzucker mit der vegetarischen Gelatine verrühren, auf 80 °C erhitzen, abschäumen und auf 7 Schälchen gleichmäßig verteilen. Jede Masse mit einem der Öle aromatisieren und abschmecken.

Die einzelnen Früchte, Fruchtstückchen sowie die Kresse in kleine Kuppelformen mit 2,5 Zentimeter Durchmesser geben. Jeweils mit einer aromatisierten Masse begießen und kalt stellen.

Bei Bedarf aus den Formen stürzen und auf den Schokokreisen platzieren.

KOPFSALAT, SPECKÖL, ZWIEBELLUFT, KARTOFFEL

SPECKÖL Alle Zutaten im Rotationsverdampfer bei 60 °C Wassertemperatur 40 Minuten ziehen lassen. Passieren und in einem luftdicht verschlossenen Glas lagern.

ZWIEBELLUFT Die Milch auf 40 °C erhitzen. Die Schalotten in feine Streifen schneiden und in der Milch über Nacht lagern. Fein passieren und mit dem Sojalecithin versetzen. Mit dem Zitronensaft abschmecken und erhitzen. Bei Bedarf mit dem Stabmixer montieren und Luft unterarbeiten. Den Schaum etwas stehen lassen und mit einem Sieblöffel abschöpfen.

KONFIERTE KARTOFFELN Das Olivenöl in einer Cocotte auf 120 °C erwärmen, die Kartoffeln sanft darin garen. Kurz vor Garende die Kartoffeln vom Herd nehmen. Den Rosmarin und die angedrückte Knoblauchzehe dazugeben. An einem warmen Ort stehen lassen. Bei Bedarf die Kartoffeln herausnehmen, abtupfen und unter dem Salamander kurz abflämmen.

GESCHMORTE KARTOFFELN Den Kalbsjus aufkochen, die blanchierten Kartoffelstücke zugeben, mit dem Thymian in eine Cocotte geben und im Backofen bei 160 °C garen. Zwischendurch immer wieder glasieren. Zum Garende Balsamessig und Haselnussöl zugeben und kurz schwenken. Würzig abschmecken.

SCHALOTTEN Salzwasser (14 Gramm Salz pro Liter Wasser) aufkochen, Schalotten darin blanchieren und sofort mit den anderen Zutaten in einem Kochbeutel vakuumieren. 60 Minuten im Julabo-Wasserbad bei 65 °C garen, in Eiswasser abschrecken und bei Bedarf im Sud glasieren.

KOPFSALAT Den Kopfsalat in der Butter mit Olivenöl und Geflügelfond kurz dünsten und glasieren.

FERTIGSTELLUNG Konfierte Kartoffeln auf dem Kopfsalat anrichten, mit geschmorten Kartoffeln und Schalotten belegen. Mit gerösteten Briochebröseln bestreuen. Die Zwiebelluft platzieren und mit dem reduzierten Kalbsjus sowie dem Specköl umgießen. Die Borretschblüten arrangieren und servieren.

SPECKÖL

100 ML	RAPSÖL DER TEUTOBURGER ÖLMÜHLE
50 G	SPECKSCHWARTE
1	ZWEIG PETERSILIE

ZWIEBELLUFT

200 ML	BIOMILCH
50 G	SCHALOTTEN
2,5 G	SOJALECITHIN VON LOUIS FRANCOIS
1	SPRITZER ZITRONENSAFT

KONFIERTE KARTOFFELN

40 ML	OLIVENÖL
8	KARTOFFELSTÜCKE 4 X 8 X 1 CM
1	ZWEIG ROSMARIN
1	KNOBLAUCHZEHE

GESCHMORTE KARTOFFELN

150 ML	UNGEBUNDENER KALBSJUS
8	BLANCHIERTE KARTOFFELSTÜCKE 2 X 8 X 1 CM
1	ZWEIG THYMIAN
1	SPRITZER BALSAMESSIG
	ETWAS HASELNUSSÖL VON MONTEGOTTERO

SCHALOTTEN

8	LANGE SCHALOTTEN, GESCHÄLT AUF 8 CM LÄNGE GESCHNITTEN
40 G	BUTTER
1	SPRITZER HELLER BALSAMESSIG
1 TL	ORANGENBLÜTENHONIG
1	ZWEIG ESTRAGON

KOPFSALAT

8	BLÄTTER KOPFSALAT OHNE STRUNK
20 G	BUTTER
20 ML	OLIVENÖL
	ETWAS GEFLÜGELFOND

FERTIGSTELLUNG

	GERÖSTETE BRIOCHEBRÖSEL
	REDUZIERTER KALBSJUS
	BORRETSCHBLÜTEN

MOLEKULARE TEXTURGEBER

AGAR

BEZEICHNUNG Agar
GEWINNUNG Extrakt aus den Zellwänden von Algen (hauptsächlich Rotalgen) oder aus Seegräsern
KLASSIFIZIERUNG Polysaccharid
INDUSTRIELLE ANWENDUNG Backwaren, Eiscreme, Weichkaramelle, Joghurt, Käse
KÜCHENTECHNISCHE ANWENDUNG Warme und kalte Gelification
BESCHREIBUNG Agar ist ein unverdauliches Polysaccharid, das sowohl stabilisierende, verdickende als auch emulgierende Wirkung hat und hitzestabile Gele bilden kann. Es ist in kaltem Wasser unlöslich. Je nach Konzentration können schnellere Gelierzeiten realisiert und härtere Gele gebildet werden, die sich nicht so schnell auflösen. Die Gelierung beginnt bei einer 1,5 prozentigen Lösung zwischen 32 °C und 39 °C. Der Schmelzpunkt setzt – je nach Agartyp / Agaroseanteil – zwischen 60 °C und 97 °C ein.
HANDLING Agar muss nicht erst in Wasser, sondern kann direkt in die Grundmasse eingearbeitet werden, die dann allerdings noch aufgekocht werden muss. Die in vielen Produktbeschreibungen angegebene Erhitzungstemperatur von 80 °C kann für einige Anwendungen zu gering sein. Bessere Ergebnisse werden erzielt, wenn tatsächlich über 80 °C erhitzt wird. Säure kann die Gelierfähigleit von Agar herabsetzen, gleichwohl ist Agar weniger säuresensibel als andere Geliermittel. Es ist gut kombinierbar mit Johannisbrotkernmehl und Gelatine, wodurch ein besseres Mundgefühl erzeugt wird (z.B. bei Eiszubereitungen). Bei Überdosierung neigt Agar zur Ausbildung spröder Gele. Bei vergleichbaren Anwendungen zeigte sich, dass Agazoon die am wenigsten spröden Gelee erzeugt.
HERSTELLER Agar (texturas), Agazoon (texture Pro), Agar Agar (Sosa)
VERTRÄGLICHKEIT Gesundheitlich unbedenklich. Wirkt senkend auf den Cholesterinspiegel und in höherer Dosis verdauungsfördernd.

ALBUMIN

BEZEICHNUNG Albumin
GEWINNUNG Als pulverisiertes Ovalbumin aus Hühnereiweiß gewonnen. Lactalbumin ist dagegen ein aus der Milch gewonnenes Protein.
KLASSIFIZIERUNG Protein
INDUSTRIELLE ANWENDUNG Backwaren, Mousses, Halbgefrorenes
KÜCHENTECHNISCHE ANWENDUNG Emulsionen, Baiser
BESCHREIBUNG Albumine können Wasser mit Fetten verbinden. Pulverisiertes Ovalbumin kann als Ersatzstoff für frisches Eiklar dienen und auf ähnliche Weise zu Eischnee aufgemixt werden. Bringt entsprechend Luftigkeit und Volumen in die Zubereitungen.
HANDLING Unkompliziert in der Handhabung, reagiert sehr schnell und kann auf vielfältige Weise in Flüssigkeiten und Pürees eingearbeitet werden. Bei Überdosierung entsteht jedoch ein an Pappe erinnerndes Aroma.
HERSTELLER Ovoneve (Sosa)

VERTRÄGLICHKEIT Grundsätzliche gesundheitliche Bedenken bestehen nicht. Lactalbumin kann aber für Kuhmilchallergiker problematisch sein, wenn es mit der verarbeiteten Masse nicht abgekocht wurde. Bei Ovalbumin besteht analog das Problem für Hühnereiallergiker.

ALGIN

BEZEICHNUNG Algin
GEWINNUNG Natriumalginat und Alginsäure, gewonnen aus Zellwandextrakten von Braunalgen. Fallen zumeist als Nebenprodukte bei der Gewinnung von Jod an.
KLASSIFIZIERUNG Polysaccharid
INDUSTRIELLE ANWENDUNG Backwaren, Gelees, Saucen und Speiseeis
KÜCHENTECHNISCHE ANWENDUNG Gelification, Sferification, Espumas
BESCHREIBUNG Mit zunehmender Konzentration an mehrwertigen Kationen wie Magnesium oder Calcium steigt die Viskosität von Algin an. Diese Eigenschaft wird für viele Rezepturen im Bereich der Sferification und der umgekehrten Sferification genutzt. In der Praxis wird vermehrt Natriumalginat eingesetzt, für Sferification oft in Verbindung mit Calciumlaktat. Es besteht eine hohe Empfindlichkeit gegenüber Säuren, wodurch bereits gebildete Gele wieder degradiert werden können. Ausnahmen bilden bestimmte dissoziierende Säuren, die in Verbindung mit H+ Ionen zum Andicken führen können. Alginate sind gute Weichmacher, sie erhöhen zum Beispiel die Cremigkeit von Speiseeis.
HANDLING In kalte Flüssigkeiten einrühren. Unbedingt die hohe Empfindlichkeit von Agar gegenüber Säuren beachten. Bei Sferificationen bis 60 °C ist die Herstellung einer Stammlösung sinnvoll, darüber hinaus auch, wenn Alkohol zugesetzt werden soll. Also am besten immer in zwei Schritten vorgehen. Erst das Alginat in etwas Wasser einrühren und aufkochen, dann erst mit der Zubereitung vermischen. Algizoon und Alginato enthalten Maltodextrin, um die Wasserbindung zu verbessern. Algin enthält kein Maltodextrin.
HERSTELLER Algin (texturas), Algizoon (texture Pro), Alginato (Sosa)
VERTRÄGLICHKEIT Gesundheitlich unbedenklich.

ARABINOGALACTAN

BEZEICHNUNG Arabinogalactan
GEWINNUNG Aus getrocknetem Extrakt von Lärchenkernholz
KLASSIFIZIERUNG Polysaccharid
INDUSTRIELLE ANWENDUNG Ätherische Öle, Aromakonzentrate, Süßstoffe
KÜCHENTECHNISCHE ANWENDUNG Sferification
BESCHREIBUNG Das leicht süßliche, dezent nach Kiefernholz riechende Arabinogalactan eignet sich als Trägermaterial für ätherische Öle. Sehr gute Löslichkeit und geringe viskose Wirkung bei außergewöhnlich hoher Toleranz gegenüber Säuren. Wirkungsvoller Emulgator.
HANDLING Gut zu verwenden in Verbindung mit Agar oder Algin, da sie deren Säuretoleranz erhöht.
HERSTELLER Lonza
VERTRÄGLICHKEIT Gesundheitsfördernder Ballaststoff mit immunstimulierender und krebshemmender Wirkung.

CALCIUMCHLORID

BEZEICHNUNG Calciumchlorid

GEWINNUNG In der Natur in Salzsolen vorkommend, wird es in der Praxis als Nebenprodukt bei der Sodaherstellung gewonnen.

KLASSIFIZIERUNG Salz

BESCHREIBUNG Calciumchlorid nimmt sehr schnell Wasser auf. Es ist kaltlöslich und kann auch als Säureregulator und Säurungsmittel eingesetzt werden. Im Gegensatz zu Calciumlaktat bringt es deutlich höheren Eigengeschmack in die Zubereitung ein.

INDUSTRIELLE ANWENDUNG Milcherzeugnisse, Gelees

KÜCHENTECHNISCHE ANWENDUNG Sferification

HANDLING Löst sich am besten in lauwarmem Wasser.

HERSTELLER Calcic (texturas), Clorur (Sosa)

VERTRÄGLICHKEIT Gesundheitlich unbedenklich.

CALCIUMLACTAT

BEZEICHNUNG Calciumlactat

GEWINNUNG Das Salz der Milchsäure wird in der Regel durch ein mikrobiologisches Isolierungsverfahren aus Milch gewonnen.

KLASSIFIZIERUNG Salz

INDUSTRIELLE ANWENDUNG Desserts, Milcherzeugnisse, Gelees

KÜCHENTECHNISCHE ANWENDUNG Gelification, Sferification, Inverse Sferification

BESCHREIBUNG Calciumlaktat fördert die Ausbildung von Gelstrukturen. Es wird auch als Puffersalz bezeichnet. Wenn bei Rezepten zur Inversen Sferification mit Milchprodukten das darin vorhandene Calcium und Kalium nicht reicht, wird Calciumlaktat auch zur Steuerung des Gelbildungsprozesses beigemengt.

HANDLING In kaltem Wasser auflösen, wenn zum Beispiel ein Calciumlaktatbad zur Herstellung von Kaviar vorbereitet werden muss. Bei der umgekehrten (inversen) Sferification kann es sinnvoll sein, den Calciumanteil – zum Beispiel einer Mozzarellazubereitung – zu erhöhen, um bessere Ausbildung der Sphären zu erzielen. Rezepte aus ausländischen Kochbüchern orientieren sich in der Regel an den für die Autoren verfügbaren Grundprodukten, deren Qualität oft nicht mit den hierzulande erhältlichen Erzeugnissen übereinstimmt. Der in Spanien erhältliche Mozzarella enthält beispielsweise mehr Calcium als die in Deutschland gängigen Erzeugnisse.

HERSTELLER Calazoon (texture Pro), Gluco (als Verschnitt mit Calciumglukonat / texturas)

VERTRÄGLICHKEIT Gesundheitlich unbedenklich.

CARRAGEENAN

BEZEICHNUNG Carrageenan

GEWINNUNG Durch Extraktion mit heißem Wasser aus Rotalgen gewonnene Verbindung

KLASSIFIZIERUNG Polysaccharid

INDUSTRIELLE ANWENDUNG Backwaren, Desserts, Eiscreme, Frischkäse

KÜCHENTECHNISCHE ANWENDUNG Gelification

BESCHREIBUNG Säure- und salzempfindliches Hydrokolloid, das in sechs Typen vorkommt, aber kaum isoliert eingesetzt wird. Lebensmitteltechnologisch von Bedeutung sind drei Typen (kappa, Iota, lambda), die oft als Blends, unterschiedlich verschnitten, vertrieben werden. Sie reagieren – je nach Zusammensetzung – unterschiedlich in Bezug auf Gelbildung und Viskosität. Lambda hat die höchste Löslichkeit, kalt eingerührt bleiben seine Makromoleküle ungebunden, was für einen extremen Verdickungseffekt sorgt. Iota und kappa sind heißlöslich. In Gegenwart von Kalium- und Calciumionen bildet kappa die stärksten Gele aus. Iota erzeugt in Gegenwart von Calcium sehr weiche, nicht reversible elastische Gele.
HANDLING Aufgekochte Massen, die nicht sofort verwendet werden, bis zum Gebrauch warm stellen, z. B. auf temperierten Kunststoffblechen.
HERSTELLER Iota und kappa (texturas), Iotazoon (texture Pro)
VERTRÄGLICHKEIT Gesundheitlich unbedenklich.

CELLULOSE UND CELLULOSEDERIVATE

BEZEICHNUNG Cellulose und Cellulosederivate
GEWINNUNG Cellulose wird aus pflanzlichen Zellwänden von Holz und Mais sowie Sonnenblumenstengeln gewonnen. Cellulosederivate entstehen durch eine Reaktion von Cellulose mit nicht aromatischen Molekülverbindungen.
KLASSIFIZIERUNG Polysaccharid
INDUSTRIELLE ANWENDUNG Saucen, Desserts, Eiscreme, Diätprodukte
KÜCHENTECHNISCHE ANWENDUNG Gelification
BESCHREIBUNG Cellulose ist wegen seiner hochmolekularen Struktur und seines hohen Molekulargewichts in Wasser nicht löslich. Sie dient als Fettersatzstoff und erhöht die Schmelzbeständigkeit von Eis. Ihre Derivate sind in heißem Wasser löslich und bilden thermoreversible Gele aus, die bei Abkühlung wieder flüssig werden.
HANDLING Obwohl Cellulose in kaltem Wasser unlöslich ist, muss sie trotzdem erst in Wasser eingerührt, dann aufgekocht und schließlich weiterverarbeitet werden, da Hydrokolloide grundsätzlich erst dispergiert, dann gelöst und schließlich geliert werden müssen, um ihre optimale Wirkung zu entfalten. Eine Ausnahme bildet Metil (texturas), es kann direkt in die Grundmasse eingearbeitet werden. Alle Lösungen sollten zunächst einmal auf 4 °C herunter gekühlt werden. Längeres Ruhenlassen reduziert den Anteil feiner Bläschen, die eine optimale Gelausbildung verhindern können.
HERSTELLER Celluzoon (texture Pro), Metil (texturas), Metilgel (Sosa), Methocel (Georg Breuer)
VERTRÄGLICHKEIT Gesundheitlich unbedenklich.

DEXTRAN

BEZEICHNUNG Dextran
GEWINNUNG Mit Hilfe von Bakterien mittels Enzymen aus Saccharose gewonnener Wirkstoff.
KLASSIFIZIERUNG Polysaccharid
INDUSTRIELLE ANWENDUNG Backwaren, Getränke, Süßwaren, Speiseeis
KÜCHENTECHNISCHE ANWENDUNG Lollies, Gefriertrocknung

BESCHREIBUNG Dextran ist gut wasserlöslich und ermöglicht die Herstellung fein justierter Viskosität. Es wird deshalb als Verdickungsmittel und Viskosebildner eingesetzt und ist, jeweils abgestuft nach Molekulargewicht, als technische und klinische Applikation erhältlich. Die technische Variante ist für den Einsatz im Food- und Agrarsektor nutzbar. Klinisches Dextran wird in der Pharmazie eingesetzt und dient nicht zuletzt wegen seiner viskosebildenden Eigenschaften als Ersatzmittel für Blutplasma.
HERSTELLER Dextran T (Pharmacosmos), Sucro (Adria)
VERTRÄGLICHKEIT Gesundheitlich unbedenklich.

FURCELLARAN (DANISH AGAR)

BEZEICHNUNG Furcellaran (Danish Agar)
GEWINNUNG Durch Extraktion mit heißem Wasser aus Rotalgen gewonnene Verbindung. Erlangte zum Ende des 2. Weltkriegs Bedeutung als Ersatzstoff für Agar.
KLASSIFIZIERUNG Polysaccharid
INDUSTRIELLE ANWENDUNG Fleischpasteten, Konfitüren, Milchspeisen, Tortengüsse
KÜCHENTECHNISCHE ANWENDUNG Gelification
BESCHREIBUNG Die Zusatzbezeichnung Danish Agar ist etwas irreführend, denn in der Struktur ist Furcellaran ein dem Kappa-Carrageenan sehr ähnliches Polysaccharid und deshalb im Verzeichnis über die Lebensmittelzusatzstoffe dem Carrageenan auch zugeordnet. Es bildet bei hoher Zuckerkonzentration stabile Gele, benötigt aber weniger Zuckeranteil als Pektin zum Beispiel bei der Herstellung von Konfitüren. In Milchzubereitungen erzeugt Furcellaran Gele mit sehr homogenen, weichen Texturen. Natrium behindert die Gelbildung in Lösungen mit Furcellaran, das auch als Filtrationsmittel genutzt werden kann.
HANDLING Furcellaran sollte in einer 2 bis 3 prozentigen Wasserlösung in bereits fertig gekochte Zubereitungen aus Früchten und Zucker gegeben werden.
VERTRÄGLICHKEIT Gesundheitlich unbedenklich.

GELATINE

BEZEICHNUNG Gelatine
GEWINNUNG Tierisches Strukturprotein aus entfetteten und entmineralisierten Bindegeweben und Knochen, das nach Säure- oder Laugenbehandlung durch Extraktion gewonnen wird. Hauptsächlich dienen Schweineschwarten und Rinderspalt als Ausgangsmaterial.
KLASSIFIZIERUNG Peptid
INDUSTRIELLE ANWENDUNG Backwaren, Käse, Joghurt, Sülze, Süßigkeiten
KÜCHENTECHNISCHE ANWENDUNG Gelification, Espumas
BESCHREIBUNG Gelatine ist immer noch einer der weltweit meistgenutzten Texturgeber. Deutschland produziert alleine rund 30.000 Tonnen pro Jahr. Wie bei allen anderen Lebensmitteln gibt es auch bei Gelatine große Qualitätsunterschiede. Die Inkompatibilität zu vegetarischem Essen und die gewachsene Auswahl thermoreversibler pflanzlicher Alternativen wie Carageenan machen Gelatine inzwischen weitgehend verzichtbar.

HANDLING Entgegen landläufiger Meinung kann Gelatine auch dann noch aufgeschlagen werden, wenn sie schon geliert ist.
HERSTELLER InstantGel (Sosa)
VERTRÄGLICHKEIT Gelatine ist umstritten, da noch nicht zweifelsfrei ausgeschlossen werden konnte, dass sie Träger von BSE-Erregern sein kann. Obwohl Rinderspalt mittlerweile kaum mehr als zehn Prozent Anteil an der verarbeiteten Basismasse ausmachen dürfte, ist das Problem nur bei nachweislich rindfreier Gelatine auszuschließen. Gelatine aus Fischhäuten kann für entsprechend sensibilisierte Allergiker ein Problem darstellen.

GELLAN GUM

BEZEICHNUNG Gellan Gum
GEWINNUNG Durch Mikroorganismen mittels Fermentation aus kohlehydratreichen Medien gewonnener Texturgeber. Welche das sind, unterliegt bei den meisten Herstellern dem Betriebsgeheimnis. Molasse ist ein Ausgangsmaterial, von dem inzwischen bekannt ist, dass es zur Gellan-Herstellung dienen kann.
KLASSIFIZIERUNG Polysaccharid
INDUSTRIELLE ANWENDUNG Desserts, Milchprodukte, Konfitüren, Fruchtzubereitungen
KÜCHENTECHNISCHE ANWENDUNG Gelifkation, Sferification
BESCHREIBUNG Gellan Gum gibt es mit niedrigem und hohen Acylgehalt. Es kann bei niedrigem Acylgehalt sehr klare Gele ausbilden, die aber eher unelastisch und brüchig sind. Bei hohem Acylgehalt werden die Gele elastischer und weicher, aber auch trüber. Beide Gellan-Typen können auch gemischt werden, um Feinabstimmungen in der Textur zu erzielen.
HANDLING Gelan ermöglicht die Herstellung fester Gelblöcke, die dann mit der Aufschnittmaschine geschnitten werden können. Niedrig acyliertes Gelan kann für Verkapselungen eingesetzt werden.
HERSTELLER Gellazoon (texture Pro), Gellan Gum (Sosa), Gellan (texturas)
VERTRÄGLICHKEIT Gesundheitliche Bedenken bestehen nicht. Gellan Gum kann leicht abführend wirken, da es quillt, nicht resorbierbar ist und vom Körper unverdaut wieder ausgeschieden wird.

GLYCERIN UND GLYCERINESTER

BEZEICHNUNG Glycerin und Glycerinester
GEWINNUNG Werden unter anderem mittels Wasserdampfdestillation aus Wurzelharz von Koniferen gewonnen. Kann jedoch auch tierischen Ursprungs sein.
KLASSIFIZIERUNG Lipid
INDUSTRIELLE ANWENDUNG Gebäck, Konfekt, Kaugummi
KÜCHENTECHNISCHE ANWENDUNG Emulsionen
BESCHREIBUNG Glycerin ist geruchlos, schmeckt leicht süßlich, gilt als Feuchtigkeitsspender und setzt die Gefriertemperatur von Flüssigkeiten herab. Glycerinester sind grenzflächenaktive Stoffe und tragen zum Beispiel zur Stabilisierung und Homogenisierung von Öl-Wasser-Gemischen bei.

HANDLING Glycerin kann kalt und heiß verarbeitet werden. Glycerinester sind in Wasser unlöslich, in Öl ab 60 °C löslich und müssen langsam und behutsam eingearbeitet werden. Es trägt zur Auftaubeschleunigung von gefrorenen Zubereitungen bei und ermöglicht die Herstellung flexibler, aber stabiler Folien.
HERSTELLER Glice (texturas), Glycerin (Sosa)
VERTRÄGLICHKEIT Gesundheitlich unbedenklich. Kann tierischen Ursprungs sein, deshalb für Vegetarier ungeeignet.

GUARKERNMEHL (GUARAN)

BEZEICHNUNG Guarkernmehl (Guaran)
GEWINNUNG Mehl aus den Samen der Guarbohne
KLASSIFIZIERUNG Polysaccharid
INDUSTRIELLE ANWENDUNG Eiscreme, Saucen
KÜCHENTECHNISCHE ANWENDUNG Espumas, Sferification
BESCHREIBUNG Guarkernmehl kann in Flüssigkeiten hohe Viskosität ausbilden, die jedoch fragil ist und durch Schütteln oder Rühren schnell zerstört werden kann. Erst längere Ruhezeit sorgt wieder für entsprechende Viskosität. Die Fähigkeit von Guarkernmehl, Partikel in Schwebe zu halten und die Ausbildung von Eiskristallen bei Zubereitungen wie Sorbets oder Parfaits zu verhindern, machen das Hydrokolloid zu einem besonderen Zusatzstoff. Guarkernmehl ist säurestabil und wird oft in Kombination mit Xanthan oder Johannisbrotkernmehl eingesetzt. Bohnen und Blätter der Pflanze können auch als Gemüse gegessen werden.
HANDLING Einfach zu handhaben, geschmacksneutral.
HERSTELLER Guarzoon (texture Pro)
VERTRÄGLICHKEIT Als Texturgeber unbedenklich. Die Nutzung als Abnehmhilfe wird von der amerikanischen Gesundheitsbehörde jedoch als bedenklich eingestuft, da größere Mengen möglicherweise Schädigungen im Magen-Darm-Trakt und der Speiseröhre verursachen können. Grund dafür sind wahrscheinlich unsauber hergestellte Mehle, deren mitverarbeitete Schalen Spuren von Saponinen, Fluoressigsäure und allergenen Eiweißen enthalten können.

GUMMI ARABICUM

BEZEICHNUNG Gummi Arabicum
GEWINNUNG Getrocknetes Sekret (Harz), gewonnen aus Rindenverletzungen von Stämmen und Zweigen des Akazienbaumes
KLASSIFIZIERUNG Polysaccharid
INDUSTRIELLE ANWENDUNG Aromakonzentrate, Backwaren, Eiscreme, Bier, Papiergummierung
KÜCHENTECHNISCHE ANWENDUNG Gelification, Marshmallows
BESCHREIBUNG Hoch wasserlösliches Hydrokolloid, das im Gegensatz zu anderen Hydrokolloiden erst in hoher Konzentration verstärkt Viskosität in Flüssigkeiten ausbildet, die jedoch durch Schütteln oder Rühren vorübergehend nachlässt. Gummi Arabicum stabilisiert vor allem Wasser-Fett-Mischungen und sollte in Verbindung mit Öl im Verhältnis 1:1 eingesetzt werden. Es verhindert die Ausbildung von größeren Kristallen in Eiscreme und kann Schwebeteilchen in

Flüssigkeiten gleichmäßig verteilt halten. Alkohol und mineralische Säuren können die Wirkung von Gummi Arabicum einschränken. Gummi Arabicum wirkt bei der Weinbereitung als Schutzkolloid gegen Kupfer- und Eisentrübungen. Pur genutzt, kann Gummi Arabicum leicht geräuchert werden, wodurch es einen angenehm dezenten Holzduft verströmt. Wird deshalb auch oft im Meditationsbereich eingesetzt. Im Alten Ägypten wurde es als Klebstoff zur Mumifizierung und in Verbindung mit Ruß und Wasser zur Herstellung von Tinte gebraucht.

HANDLING In warmes Wasser geben und mit einem Holzlöffel bei milder Hitze so lange behutsam umrühren, bis es vollständig verteilt ist.

HERSTELLER Gummi Arabikum (Singelmann)

VERTRÄGLICHKEIT Gesundheitlich unbedenklich. In Einzelfällen wurden leichte allergische Reaktionen beobachtet.

JOHANNISBROTKERNMEHL (CARUBIN)

BEZEICHNUNG Johannisbrotkernmehl (Carubin)

GEWINNUNG Vermahlener Samen aus den Schoten des Karubenbaums. Wird das getrocknete Fruchtfleisch und nicht der Samen vermahlen, handelt es sich um Carob (auch Johannisbrotmehl genannt), das oft als Kakaoersatz verwendet wird.

KLASSIFIZIERUNG Polysaccharid

INDUSTRIELLE ANWENDUNG Eiscreme, Saucen, Teigwaren, Weichkäse, Wurstwaren, Milchprodukte

KÜCHENTECHNISCHE ANWENDUNG Gelification

BESCHREIBUNG Das Mehl bildet sehr elastische, hitzestabile Gele, die auch höhere Salz- und Säureanteile vertragen. Es ist um ein Vielfaches quellfähiger als Stärke, verbessert das Mundgefühl von Eiscreme und dient unter anderem als Backhilfsmittel für glutenfreies Brot, da es die Wasserbindungsfähigkeit von Teigen mit geringem Klebergehalt verbessert.

HANDLING Kann direkt in die kühle Grundmasse eingearbeitet werden. Anschließend aufkochen. Bei Abkühlung entsteht dann ein hitzestabiles Gel.

HERSTELLER Locuzoon (texture Pro), Johannisbrotkernmehl (Singelmann)

VERTRÄGLICHKEIT Gesundheitlich unbedenklicher Ballaststoff, wirkt senkend auf den Cholesterinspiegel.

KARAYA (INDISCHER TRAGANT)

BEZEICHNUNG Karaya (Indischer Tragant)

GEWINNUNG Getrocknetes Wurzelsekret aus der Gruppe der indischen Stinkbäume

KLASSIFIZIERUNG Polysaccharid

KÜCHENTECHNISCHE ANWENDUNG Espumas, Gelification

INDUSTRIELLE ANWENDUNG Suppen, Saucen, Mayonnaise, Weichkäse

BESCHREIBUNG Karaya ist ein stark vernetztes Polysaccharid, das in Wasser unlöslich sowie immun gegen Mikroorganismen und Enzyme ist, aber hohes Quellvermögen besitzt. Verhindert das Zusammenziehen von Gelen und hilft bei der Stabilisierung von Proteinschäumen. Es ist zugelassen für Knabberartikel aus Kartoffeln und Getreide (max. 5 g/kg), Füllungen und Überzüge von Kuchen,

Kekse, Blätterteiggebäck (max. 5 g/kg), Dessert (max. 6 g/kg), Eierlikör (max. 10 g/l) und Nahrungsergänzungsmittel.
HERSTELLER Karaya (Singelmann)
VERTRÄGLICHKEIT Gesundheitlich unbedenklich. Wirkt verdauungsfördernd und wird deshalb in hohen Dosen auch als Abführmittel verabreicht.

MALTODEXTRIN

BEZEICHNUNG Maltodextrin
GEWINNUNG Füllstoff und Stabilisator aus Stärke, der durch Hydrolyse gewonnen wird.
KLASSIFIZIERUNG Polysaccharid
INDUSTRIELLE ANWENDUNG Diätkost, Sportnahrung, Suppen, Reduzierung von Fehlaromen, Träger von flüchtigen Aromen
KÜCHENTECHNISCHE ANWENDUNG Espumas, Candies, Öle binden
BESCHREIBUNG Ein nahezu geschmacksneutrales, gut wasserlösliches Polysaccharid. Die enthaltenen Kohlehydrate sind für den menschlichen Körper schnell verfügbar, deshalb ist Maltodextrin in vielen Energiedrinks und Riegeln enthalten.
HANDLING Maltodextrin erleichtert das Entfetten von Suppen. Es wird auch genutzt, um gebratenes Ölivenöl herzustellen.
HERSTELLER Malto (texturas), Maltosec (Sosa)
VERTRÄGLICHKEIT Gesundheitlich unbedenklich.

MODIFIZIERTE STÄRKE

BEZEICHNUNG Modifizierte Stärke
GEWINNUNG Durch physikalische und chemische Behandlung wie Extrudieren, Vermahlen, Erhitzen, Sprühtrocknung, Säurehydrolyse veränderte Stärke und deren Fraktionen (Amylose, Amylospektin) zum Beispiel aus Mais, Weizen oder Kartoffeln.
KLASSIFIZIERUNG Polysaccharid
INDUSTRIELLE ANWENDUNG Brot, Suppen, Fruchtzubereitungen, Glasuren
KÜCHENTECHNISCHE ANWENDUNG Gelification
BESCHREIBUNG Modifizierte Stärken besitzen unterschiedliche Fähigkeiten. So erhöht gemahlene Stärke die Quellfähigkeit von kalten Flüssigkeiten, die außerdem für enzymatische Reaktionen empfänglicher werden. Einige Stärken (wie acetyliertes Distärkeadipat) können die Viskosität von Teigen unter Hitzeeinwirkung im Backofen stabilisieren, weil sie deren Austrocknung verhindern, andere wirken als Fruchtgeschmacksverstarker. Wieder andere sind dünnkochend. Physikalisch modifizierte Stärken genießen bei vielen Anwendern das Image des „reineren" Produkts gegenüber den chemisch modifizierten Stärken.
HERSTELLER Gelcrem (Sosa), Nastar (Georg Breuer)
VERTRÄGLICHKEIT Gesundheitlich unbedenklich.

NATRIUMCITRAT

BEZEICHNUNG Natriumcitrat
KLASSIFIZIERUNG Salz

GEWINNUNG Das Natriumsalz der Zitronensäure, die in vielen Früchten vorkommt, wird durch den Einsatz von Mikroorganismen aus Fruchtzucker gewonnen.
INDUSTRIELLE ANWENDUNG Säuerungsregulator für Käse, Konfitüren, Desserts, Eiscreme und Suppen
KÜCHENTECHNISCHE ANWENDUNG Sferification mit stark säurehaltigen Substanzen
BESCHREIBUNG Natriumcitrat ist hoch wasserlöslich, reagiert schnell und hat einen nur leicht säuerlichen Eigengeschmack. Es ist auch als Regulator für Geliervorgänge mit Pektin nutzbar. Vereinzelt wurden allergische Reaktionen bei Schimmelpilzallergikern beobachtet, was mit dem Herstellungsverfahren zusammenhängen soll.
HANDLING Anwendungen mit Natriumcitrat müssen länger ruhen, um volle Wirkung zu entfalten.
HERSTELLER Citras (texturas)
VERTRÄGLICHKEIT Gesundheitlich unbedenklich. Bei Einnahme größerer Mengen erhöht Natriumcitrat jedoch die Aufnahme von Metallen wie Blei und Aluminium im Darm.

PEKTIN

BEZEICHNUNG Pektin
GEWINNUNG Extrakt aus flüssigem oder getrocknetem Konzentrat, gewonnen aus den Schalen von Zitrusfrüchten, Apfeltrestern oder Rüben.
KLASSIFIZIERUNG Polysaccharid
INDUSTRIELLE ANWENDUNG Eiscreme, Gelees, Konfitüren, Pâte, Milchprodukte, Bonbons, diätische Produkte
KÜCHENTECHNISCHE ANWENDUNG Gelification, Sferification
BESCHREIBUNG Hochmethyliertes Pektin braucht hohe Zuckergehalte (ab 55 %) sowie ph-Werte zwischen 1 und 3, um stabile Gele auszubilden. Es eignet sich deshalb sehr zur Herstellung von Fruchtfüllungen und Marmeladen. Niedrigmethyliertes Pektin braucht keinen Zucker und verfügt über ein breiteres ph-Spektrum (1 – 7), das darüber hinaus auch den Einsatz in calciumhaltigen Produkten wie Milch ermöglicht. Pektin ist auch in warmem Glycerin löslich.
HANDLING Kalt einmischen und am besten zwölf Stunden ruhen lassen.
HERSTELLER Apple Pectin (Sosa), Gel Gras (Sosa)
VERTRÄGLICHKEIT Gesundheitlich unbedenklich.

SOJALECITHIN

BEZEICHNUNG Sojalecithin
GEWINNUNG Rohlecithin wird aus Sojaöl mittels eines Quell- und Verdampfungsverfahrens abgetrennt und nach Bedarf auch modifiziert.
KLASSIFIZIERUNG Lipid
INDUSTRIELLE ANWENDUNG Brot, Backwaren, Schokolade, Milchprodukte
KÜCHENTECHNISCHE ANWENDUNG Airs, Eis
BESCHREIBUNG Durch Fraktionierung und Modifikationen können neben Sojareinlecithin weitere Arten mit besonderen Eigenschaften hergestellt werden,

die zum Beispiel das Öl-Wasser- Emulgierverhalten verbessern und Calciumverträglichkeit erhöhen.

HANDLING Kalt mischen und mit dem Stabmixer aufschäumen. Am besten funktioniert es in wässrigen Lösungen mit wenig Fett, wodurch höchste Schaumigkeit erzielt werden kann.

HERSTELLER Soy Lecithin (Sosa), Glice (Adria), Emulzoon (texture Pro)

VERTRÄGLICHKEIT Gesundheitlich unbedenklich. Sojalecithin hat antioxidative Wirkung.

STÄRKE

BEZEICHNUNG Stärke

GEWINNUNG Pflanzliche Ausgangsstoffe sind zumeist Wachsmais, Kartoffeln und Maniok, neuerdings vermehrt auch Hülsenfrüchte. Gewinnung erfolgt in einigen Fällen (z.B. Kartoffeln) durch Ausschwemmung der Stärke aus dem zerkleinerten Pflanzenmaterial. Nach der Ausschwemmung wird die Stärkemilch abgeschieden und getrocknet. Ähnlich wie bei Modifizierter Stärke gibt es aber eine Vielzahl physikalischer und chemischer Gewinnungsverfahren.

KLASSIFIZIERUNG Polysaccharid

INDUSTRIELLE ANWENDUNG Backwaren, Fleisch-, Geflügel- und Fischprodukte, vegetarische Erzeugnisse

KÜCHENTECHNISCHE ANWENDUNG Emulsionen, Gelification

BESCHREIBUNG Natürliche Stärke ist ein so genanntes Reserverkohlehydrat des pflanzlichen Organismus, bestehend aus Amylose und Amylopektin, vergleichbar mit dem Glykogen im menschlichen Organismus. Es gibt eine Vielzahl unterschiedlicher Stärken mit entsprechend vielseitigen Einsatzmöglichkeiten. Sie ist zumeist geschmacksneutral. Amylose verfügt über sehr gute Gelbildungseigenschaften, Amylopektin verdickt und stabilisiert.

HANDLING Kalt einrühren und verteilen. Je nach Art der Stärke beginnen die Körner in der Grundmasse zwischen 55 ° und 60 °Celsius zu quellen, um anschließend zu platzen. Bei Temperaturen zwischen 65 ° und 70 °Celsius entsteht eine viskose Masse, die – je nach Stärkegrad und Dosierung – unterschiedliche Texturen erzeugt.

HERSTELLER Swelite (Georg Breuer)

VERTRÄGLICHKEIT Gesundheitlich unbedenklich.

TAMARINDENKERNMEHL

BEZEICHNUNG Tamarindenkernmehl

GEWINNUNG Vermahlener Samen aus den Schoten des Tamarindenbaums

KLASSIFIZIERUNG Polysaccharid

INDUSTRIELLE ANWENDUNG Eiscreme, Gelees, Marmelade, Mayonnaise

KÜCHENTECHNISCHE ANWENDUNG Gelification

BESCHREIBUNG Benötigt zum Erreichen höherer Gelfestigkeit weniger Zucker als Pektin. Die erzeugten Gele bleiben über einen weiten ph-Bereich stabil. Kann als Ersatzstoff für Pektin genutzt werden, da die erzeugten Gele auch bei geringerem Zuckeranteil stabil bleiben.

HERSTELLER Tamarindenkernmehl (Singelmann)

VERTRÄGLICHKEIT Gesundheitlich unbedenklich. Kann verdauungsfördernd wirken.

TARAKERNMEHL

BEZEICHNUNG Tarakernmehl
GEWINNUNG Gewinnung erfolgt durch Mahlen des Endosperms der Samen des in Peru beheimateten Tarabusches (Caesalpinia spinosum).
KLASSIFIZIERUNG Polysaccharid
INDUSTRIELLE ANWENDUNG Desserts, Milchprodukte, Backwaren, Dressings
KÜCHENTECHNISCHE ANWENDUNG Gelification
BESCHREIBUNG Tarakernmehl ist in seinen Eigenschaften vergleichbar mit Johannisbrotkernmehl und Guarkernmehl, erzeugt bei gleicher Konzentration aber deutlich höhere Viskosität als Johannisbrotkernmehl. Tarakernmehl ist in kaltem Wasser löslich, reagiert allerdings in Grundmassen mit höheren Fettstoffanteilen nicht optimal. Es ist gut kombinierbar mit Xanthan und Kappa-Carrageenan.
HANDLING Kann direkt in die kühle Grundmasse eingearbeitet werden. Anschließend aufkochen. Bei Abkühlung entsteht dann ein hitzestabiles Gel.
HERSTELLER PROVIGel Nat (Provisco)
VERTRÄGLICHKEIT Gesundheitlich unbedenklich.

TRAGANT

BEZEICHNUNG Tragant
GEWINNUNG Getrocknetes Sekret (Harz), gewonnen aus Rindenverletzungen der Krautpflanze Astragalus
KLASSIFIZIERUNG Polysaccharid
INDUSTRIELLE ANWENDUNG Füllungen von Backwaren, Saucen, Eis
KÜCHENTECHNISCHE ANWENDUNG Gelification
BESCHREIBUNG Die entgiftende Wirkung von Tragant wurde Überlieferungen zufolge schon im Altertum erkannt und genutzt. Der umfangreiche Einsatz von Tragant in der Medizin liegt nicht zuletzt in der hohen Speicherfähigkeit von Selen begründet. Tragant besitzt eine wasserlösliche und eine quellbare Fraktion. Seine Viskosität ist von einwirkender Bewegung abhängig. Es macht Eiszubereitungen weicher.
HERSTELLER Traganth (Singelmann)
VERTRÄGLICHKEIT Es bestehen gesundheitliche Bedenken der WHO hinsichtlich der allergenen Wirkung von Tragant.

TRANSGLUTAMINASE

BEZEICHNUNG Transglutaminase
GEWINNUNG Varietät aus dem Bakterium der Streptoverticillium mobaraense, hergestellt durch Fermentation
KLASSIFIZIERUNG Enzym
INDUSTRIELLE ANWENDUNG Milchprodukte, Formfleisch, Krabbenimitat
KÜCHENTECHNISCHE ANWENDUNG Gelification

BESCHREIBUNG Transglutaminasen sind in der Natur weit verbreitete Enzyme mit vielseitigen Fähigkeiten. Sie sind an fast allen physiologischen Prozessen des menschlichen Körpers, unter anderem der Wundheilung beteiligt. Als Texturgeber eingesetzt, verbessern sie die physikalischen Eigenschaften vieler in Lebensmitteln vorkommender Eiweiße. Transglutaminasen verfügen über eine hohe thermische Stabilität und hohe Vernetzungseigenschaften für Gluten, Eigelb und Eiweiß in einem weiten ph-Wert-Spektrum. Sie verbessern das Schnittverhalten von Fleisch- und Wurstprodukten

HANDLING Zubereitungen wie hausgemachtes Formfleisch oder auch Milchapplikationen über Nacht ruhen lassen, dann schneiden. Bei der Verarbeitung ist gegebenenfalls eine Staubmaske zu tragen (Packungsbeilage beachten).

HERSTELLER Activa (Ajinomoto)

VERTRÄGLICHKEIT Gesundheitlich unbedenklich.

XANTHAN

BEZEICHNUNG Xanthan

GEWINNUNG Aus zuckerhaltigen Medien wie Maisstärke mittels Fermentation gewonnenes Cellulosederivat

KLASSIFIZIERUNG Polysaccharid

INDUSTRIELLE ANWENDUNG Ätherische Öle, Speiseeis, Dressings, Saucen

KÜCHENTECHNISCHE ANWENDUNG Espumas, Emulsionen

BESCHREIBUNG Xanthan ist in kaltem und warmem Wasser gut löslich und erzeugt eine weitgehend temperaturstabile Viskosität mit pseudoplastischen Eigenschaften. Hervorzuheben ist die Fähigkeit zur Trubstabilisierung, wodurch kleine Partikel auch in dünnflüssiger Umgebung in der Schwebe gehalten werden können. Darüber hinaus zeigt Xanthan emulgierende Eigenschaften und Säurestabilität. Es generiert in Speiseeis eine hohe Gefrier-Tau-Stabilität. Hervorzuheben ist die Fähigkeit von Xanthan fremde Gaspartikel wie Kohlensäure zu binden, was zum Beispiel bei der Zubereitung von Champagnersuppen und Saucen sehr hilfreich ist.

HANDLING In kalten oder warmen Flüssigkeiten am besten mit einem Stabmixer auflösen. Es empfiehlt sich allerdings zunächst die Herstellung einer Basislösung mit Wasser. Also erst in kaltes Wasser einrühren, dann diese Lösung weiterverarbeiten. Dieses Vorgehen vermindert die Bläschenbildung.

HERSTELLER Xantana (texturas), Xanthazoon (texture Pro), Gel Espesa (Sosa)

VERTRÄGLICHKEIT Gesundheitlich unbedenklich. In Einzelfällen können leicht allergische Reaktionen auftreten. Xanthan gilt als Ballaststoff und ist zudem als ökologisches Nahrungsmittel zugelassen.

GRUNDREZEPTE

AGAR-AGAR

AGAR-AGAR

200 ML	FLÜSSIGKEIT
0,5	AGAR ODER 5 GESTRICHENE PORTIONSLÖFFEL AGARZOON

Flüssigkeit kalt montieren und einmal aufkochen. Abschäumen und umfüllen.

CALZIUMBAD

CALZIUMBAD

6–8 G	CALZIUM
1	LITER WASSER

Die Menge des Calziums richtet sich nach der Reaktionszeit, die das Produkt haben soll, sowie nach der Beschaffenheit der Masse.

ERDNUSSMEHL

ERDNUSSMEHL

1 EL	ERDNÜSSE
1 MSP.	PAPRIKA
1 MSP.	INGWER
1 MSP.	STERNANIS
1 MSP.	KURKUMA
1 MSP.	BOCKSHORNKLEE
1 MSP.	LIMONENABRIEB
	ETWAS MUSCOVADOZUCKER
	ETWAS GETROCKNETER CHILI

Erdnüsse mit den restlichen Zutaten in der Zuckermühle zu Pulver verarbeiten.

GELLAN ODER GELLAZOON

GELLAN ODER GELLAZOON

200 ML	FLÜSSIGKEIT
3,5 G	GELLAN ODER 4 GESTRICHENE PORTIONSLÖFFEL GELLANZOON

Die Zutaten kalt mixen und einmal kurz aufkochen. Abschäumen und in das gewünschte Gefäß füllen. Bei Bedarf zurechtschneiden.

GUARZOON

GUARZOON

200 ML	FLÜSSIGKEIT
4	GESTRICHENE PORTIONSLÖFFEL GUARZOON

Guarzoon in die kalte Flüssigkeit montieren und auflösen.

IOTA ODER IOTAZOON

IOTA ODER IOTAZOON

200 ML FLÜSSIGKEIT
2 G IOTA ODER 5 GESTRICHENE PORTIONSLÖFFEL IOTAZOON FÜR STABILE GELEES
0,6 G IOTA ODER 2 GESTRICHENE PORTIONSLÖFFEL IOTAZOON FÜR WEICHE GELEES

Iota oder Iotazoon in die Flüssigkeit einrühren.

KAPPA

KAPPA

200 FLÜSSIGKEIT
3 G KAPPA

Kappa in die kalte Flüssigkeit montieren und einmal aufkochen. Abschäumen, umfüllen oder verarbeiten.

KONFIERTE TOMATEN

KONFIERTE TOMATEN

10 SARDISCHE TOMATEN, ALTERNATIV KIRSCHTOMATEN
OLIVENÖL UND BALSAMESSIG

Die Tomaten halbieren und im Backofen bei 80 °C etwa 8 Stunden trocknen lassen. In Olivenöl und Balsamessig einlegen. Bei Bedarf entnehmen.

LOCUZOON

LOCUZOON

100 ML FLÜSSIGKEIT
2 GESTRICHENE PORTIONSLÖFFEL LOCUZOON FÜR WEICHE MEDIEN
6 GESTRICHENE PORTIONSLÖFFEL LOCUZOON FÜR FESTE MEDIEN

Locuzoon in die Flüssigkeit einrühren.

METILWASSER

METILWASSER

3 G METIL ODER METHOCEL
(ALTERNATIV 6 GESTRICHENE PORTIONSLÖFFEL CELLUZOON)
100 ML WASSER

Das Metil oder die Alternative in das Wasser montieren und kalt stellen. Das Wasser entfaltet seine optimale Bindung ab 4 °C. Deshalb muss die Masse einmal heruntergekühlt werden. Aromatisiertes Wasser kann als Geschmacksgeber dienen.

OLIVENÖLBUTTER

OLIVENÖLBUTTER

320 ML	OLIVENÖL
80 ML	WASSER
1	GESTRICHENER PORTIONSLÖFFEL XANTHAZOON

Alle Zutaten miteinander emulgieren, salzen, einen Pacojetbecher bis zur Füllgrenze damit füllen. 24 Stunden frieren und bei Bedarf pacossieren.

ORANGENSALZ

ORANGENSALZ

5	BREITE ORANGENZESTEN OHNE FRUCHTWEISS
10 G	MALDON SEA SALT

Beide Zutaten zusammen für 10 Sekunden bei 600 Watt in der Mikrowelle erhitzen.

PARMESANWASSER

PARMESANWASSER

400 ML	WASSER
400 G	GERIEBENER PARMESAN

Parmesan in das Wasser einrühren, erhitzen und durch ein feines Sieb passieren. Im Kühlschrank abkühlen und weiter verwenden.

PETERSILIENWASSER

PETERSILIENWASSER

1	BUND BLATTPETERSILIE
400 ML	WASSER

Beide Zutaten im Thermomix einige Sekunden fein mixen und durch einen Superbag passieren. An Stelle der Petersilie können auch andere Kräuter verwendet werden, z. B. Süßdolde, die leicht süß wirkt.

SALZWASSER ZUM BLANCHIEREN

SALZWASSER ZUM BLANCHIEREN

1 L	WASSER
14 G	SALZ

Hier ist die Menge des Salzes ausschlaggebend für die Farbe und den Geschmack des blanchierten Produktes.

SCHINKENÖL

SCHINKENÖL

100 ML RAPSÖL
50 G SCHINKENABGÄNGE

Das Öl mit den Schinkenabgängen auf 60 °C erwärmen. Temperatur für mindestens 3 Stunden halten. Passieren und in einem luftdichten Glas aufbewahren.

SOJALECITHIN

SOJALECITHIN

1 G SOJALECITHIN
150 ML WÄSSRIGES MEDIUM
ODER
1 G SOJALECITHIN
100 ML FETTHALTIGES MEDIUM

Bei kalten Flüssigkeiten eignet sich Emulzoon hervorragend. Bei Zubereitungen mit Alkohol oder warmen Zubereitungen das Produkt von Louis Francios.

STAMMLÖSUNG ALGINAT

STAMMLÖSUNG ALGINAT

1 L WASSER
20 G ALGIN ODER 25 GESTRICHENE PORTIONSLÖFFEL ALGIZOON

Das Wasser mit dem Pulver montieren und stehen lassen, bis alle Luftblasen entwichen sind. Die Masse kann als mise en place genutzt werden und muss nur noch unter das entsprechende Medium gearbeitet werden. Bei zu regulierendem pH-Wert kann hier Zitrat hinzugegeben werden. Es empfiehlt sich dann, das Wasser mit den Pulvern einmal aufzukochen und die warme Masse unter das Medium zu arbeiten. Wir arbeiten zur Zeit an einer Lösung, um die Säurestabilität zu optimieren.

XANTHAN ODER XANTHAZOON

XANTHAN ODER XANTHAZOON

0,5 G ODER 1 GESTRICHENER PORTIONSLÖFFEL XANTHAZOON
130 ML FLÜSSIGKEIT, Z. B. WASSER

Xanthazoon mit der Flüssigkeit montieren. Alternativ als Basismasse in Wasser emulgieren und bei Bedarf unterrühren.

DIE WICHTIGSTEN GERÄTE

ANTI-GRILL

Dieser Grill ist deshalb Anti, weil er mit Kälte statt Hitze arbeitet. Betrieben wird das Gerät mit lebensmitteltauglichem Stickstoff. Es dient unter anderem der Herstellung von virtuellem Sushi und ist deshalb auch unter der Bezeichnung Nitro-Teppan bekannt.

BLOW TORCH (LÖTLAMPE)

Da Blow Torches im Kücheneinsatz immer beliebter werden, müssen Köche inzwischen nicht mehr in Baumarktabteilungen wildern, sondern können Geräte nutzen, die speziell für den Kücheneinsatz entwickelt wurden. Mit dem Hotery Blow Torch ist zum Beispiel ein unvergleichlich schnelles und sehr genau dosiertes Gratinieren und Rösten möglich. In der klassischen Küche werden Lötlampen zunehmend auch zum Überbrennen von Soufflés genutzt.

CAVIAR MAKER

Kombination aus Spritze, Tropfenspender und Eintauchbecken. Ermöglicht die Herstellung von bis zu hundert Perlen pro Spritzenfüllung. Besonders gut zur Produktion von Miniperlen geeignet.

CLARIMAX

Die Optik der Clarimax erinnert an eine Siebträgermaschine für Espresso. Und das Gerät funktioniert auch nach einem ähnlichen Prinzip, dient aber dem Klären und Abfetten von Kraftbrühen und Fonds. Es entstand aus einer Zusammenarbeit zwischen dem spanischen Koch Ángel León (Restaurant Aponiente, Cádiz) und der Universität Cádiz. Statt Kaffee wird ein Tab mit Kieselgur – hergestellt aus den Schalen fossiler Kieselalgen – in den Siebträger gepresst, was einen wirkungsvollen Klärungsprozess ermöglicht. Flüssigkeiten können im Clarimax bei kalter, warmer und heißer Temperatur geklärt werden.

Cryopfanne mit beschichtetem Schneebesen

CRYOPFANNE

Beschichtete Alugusspfanne zur Herstellung von Eis mit Stickstoff, das am besten mit einem kunststoffbeschichteten Antihaft-Schneebesen abgerührt wird.

DEHYDRATOR

Elektrisch gesteuertes Gerät zur Trocknung von Lebensmitteln. In bis zu fünf Trockenstufen können Obst, Gemüse und Fleisch bedarfsgerecht gedörrt werden.

DEWAR

Doppelwandiges Gefäß, das zur thermischen Isolierung von heißen oder kalten Stoffen eingesetzt wird. Es funktioniert nach einem dreifachen Sicherungsprinzip zur Verhinderung von Wärmeübertragung. Die Wärmestrahlung wird durch Verspiegelung minimiert, das Glasgefäß verhindert die Wärmeleitung und der Vakuumraum zwischen den Wänden den Wärmetransport. Kaffeethermoskannen sind zum Beispiel solche Dewars. Für den Gebrauch von –196 °Celsius kaltem Stickstoff ist allerdings ein entsprechend leistungsstarkes Behältnis nötig. Benannt wurde das Dewar-Gefäß nach seinem Erfinder, dem schottischen Physiker Sir James Dewar.

Dewar

DIGITAL WATER BATHS

Diese Geräte sind besonders beim Einsatz der Sous-vide-Gartechnik von Nutzen, wo es auf exakte Temperaturkontrolle ankommt. Im Markt etabliert sind Modelle verschiedener Hersteller, zum Beispiel Julabo, Clifton und Roner. Mit dem Einhängethermostat steht ein Gerät zur Verfügung, das mittels Umwälzpumpe, Temperaturfühler und Heizspirale Wasserbadtemperaturen – je nach Modell zwischen –50 °C und 200 °C – regulieren kann. Während des Betriebs wird die gewünschte und bisher erreichte Temperatur angezeigt.

Digital Water Bath

EXTRUDER

Ein Gerät, das bisher nahezu ausschließlich in der Lebensmittelindustrie zum Einsatz kommt, aber für Catering-Unternehmen sowie – in kleinerer Ausführung – für Gastronomieküchen viele neue Anwendungsmöglichkeiten bieten könnte. Der Extruder ähnelt einem Fleischwolf, der auch härtere Zutaten wie Knochen, Körner und Granulate im Innern zerschneidet, erhitzt und in beliebiger Form zum Endprodukt knetet. Er wird deshalb auch oft als Strangpresser oder Schneckenkneter bezeichnet. Mithilfe des Extruders können zum Beispiel geformte Nudeln, Frühstückszerealien und Snacks wie Erdnussflocken hergestellt werden. Er erweitert die Kreationsmöglichkeiten ambitionierter Köche erheblich.

FAKIR GRILL

Was wie ein Folterinstrument (zum Beispiel für ungehorsame Lehrlinge) aussieht, dient in der Hauptsache dazu, die Richtung des Garungsprozesses umzukehren. Während beim herkömmlichen Grillen Fleisch oder Fisch von außen nach innen gart, dreht der Fakir Grill diesen Prozess aber nicht nur um, sondern ermöglicht durch Auftragen von Aromen auf die Nägel außerdem eine ideale Absorbierung eben dieser Aromen. Die aus rostfreiem Edelstahl hergestellten Nägel des Fakir Grills müssen zunächst über einem Gasherd oder auf anderem Wege erhitzt werden. Als Erfinder des Fakir Grills gilt der spanische Koch Jordi Herrera.

FATA PAPER

Das magische Papier. Es hält Temperaturen bis 230 °C stand und ist ähnlich zu handhaben wie Klarsichtgeschenkpapier. In Fata Paper lassen sich diverse Zutaten verpacken, deren Aromen sich bei der Garung – vorzugsweise im Backofen – optimal verbinden und nicht verflüchtigen können.

GASTROVAC

Der Gastrovac ist ein kompaktes Gerät für das Garen in Vakuum. Eine Art Anti-Schnellkochtopf, entwickelt von den Köchen Javier Andrés (La Sucursal, Valencia) und Sergio Torres (El Rodat, Jávea) in Zusammenarbeit mit der Politechnischen Universität Valencia. Der Gastrovac arbeitet mittels Niederdruck und lässt eine sauerstofffreie Atmosphäre im Innern des Topfes entstehen, wodurch die Garungstemperaturen abgesenkt und dem Gargut Festigkeit, Farbe, Aromen und Nährstoffe erhalten werden können. Durch den am Ende des Garvorgangs wieder hergestellten atmosphärischen Druck entsteht ein so genannter „Schwammeffekt", der das Gargut wieder etwas von der umgebenden Flüssigkeit aufnehmen lässt.

GELIERROLLER

Gerät zum gleichmäßigen, parallelen Schneiden von Faked Tagliatelle und Ravioli. Die Verstellmechanik funktioniert nach dem Ziehharmonikaprinzip. Geschnitten wird mit mehreren parallel stehenden Kunststoffrädchen, die Pizzarollern ähneln.

GREENSTAR JUICER

Ein sehr vielseitiges Gerät auf der Basis eines ausgeklügelten Magnetfeldsystems. Es ermöglicht nicht nur müheloses Entsaften von Obst und Gemüse, sondern auch die Herstellung von Pasten und Saucen. Die Minimierung von Oxidationsprozessen schützt Inhaltsstoffe wie Mineralien und Vitamine und erhält das Aroma der verarbeiteten Grundprodukte.

HOTSTONE GRILL

Ein Gerät, das auf einer Jahrtausende alten Technik basiert, die nicht zuletzt durch die Mongolen vor achthundert Jahren in Europa Verbreitung fand. Garen auf heißem Stein ist eine Methode, die ohne Zugabe von Fett auskommt und den Produkten ein Höchstmaß an Aromen und Nährstoffen belässt.

INFRAROT-THEROMETER

Ermöglicht die einfache und schnelle Messung von Temperaturen in Töpfen und Pfannen ohne Kontakt zum Gargut.

KAVIARSPRITZEN

Ihr Einsatz im Kochalltag mag gewöhnungsbedürftig erscheinen, aber zur Herstellung von gleichmäßig großen Kugeln Kaviarsphären sind Spritzen eine gute Lösung. Ideal für die Herstellung großer Mengen ist der Einsatz eines Caviar Makers oder umgebauter Infusionspumpen mit Tropfenzähler aus der Medizinaltechnik.

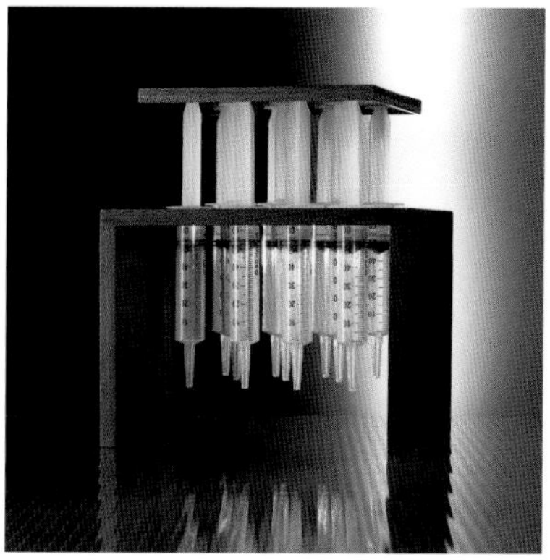

Kaviarspritzen

KOMBILÖFFEL

Ideal zur Handhabung von Sphären und zum Herausfischen von Kaviar aus Calciumlösungen.

LASER

Den Einsatz von Class-IV-Lasern wagen bisher nur die Extremfuturisten unter den Köchen wie Homaro Cantu aus Chicago. Er nutzt Laserstahlen, um Verdampfungseffekte zur Aromenverstärkung zu erzielen. So befüllt er zum Beispiel ein Weinglas zunächst mit etwas karamellisiertem Orangenextrakt, der durch den Lasereinsatz verdampft wird, darauf wird dann ein erstklassiger Süßwein gegossen, der das verbliebene Aroma aufnimmt. Interessant könnte der Einsatz werden, wenn dafür kein guter Wein geopfert würde, sondern einfache und geschmacklich rustikale Grundprodukte veredelt werden könnten.

MAGNETRÜHRER

Wie so viele der für die Molekularküche entdeckten Geräte wurde auch der Magnetrührer für den Laboreinsatz entwickelt, insbesondere für die Zell- und Molekularbiologie. Es gibt ihn in vielen Varianten, so zum Beispiel als beheizte und unbeheizte Ausführung IKA Color Squid. Kann zur bläschenfreien Auflösung von Texturizern genutzt werden.

PACOJET

Eine Eismaschine, deren besondere Eigenschaften schon einen eigenen Begriff hervorbrachten: pacossieren, eine spezielle Art der Sorbetherstellung. Dazu müssen lediglich Früchte und Fruchtsaft nach Belieben gesüßt und für 24 Stunden im Pacossierbecher bei –20 °C eingefroren werden. Anschließend wird der Becher an den Pacojet gehängt und mittels Hochgeschwindigkeitsfräse (2000 U/min) in nur 20 Sekunden zu einer sehr feinen Masse verarbeitet.

Pacojet

PASTEUR-PIPETTE

Die gängigen Ausführungen nehmen Flüssigkeitsvolumen zwischen 3 und 10 Milliliter auf. Hilfreich beim Anrichten von Kleinstmengen Saucen.

PETRISCHALE

Durchsichtige, flache und runde Glasschale, die auch im klassischen Laborbetrieb zum Einsatz kommt. Hilfreich bei der Herstellung und Aufbewahrung von Gelfilmen und der Anwendung von Räuchertechniken.

PH-WERT-MESSGERÄT

Beim Einsatz von Texturgebern ist oft der Säuregehalt einer Lösung entscheidend für das Gelingen einer Rezeptur. Mit pH-Messgeräten kann der Säuregehalt exakt festgestellt werden und ermöglicht so sowohl den Einsatz eines geeigneten Texturgebers als auch entsprechendes Einregulieren.

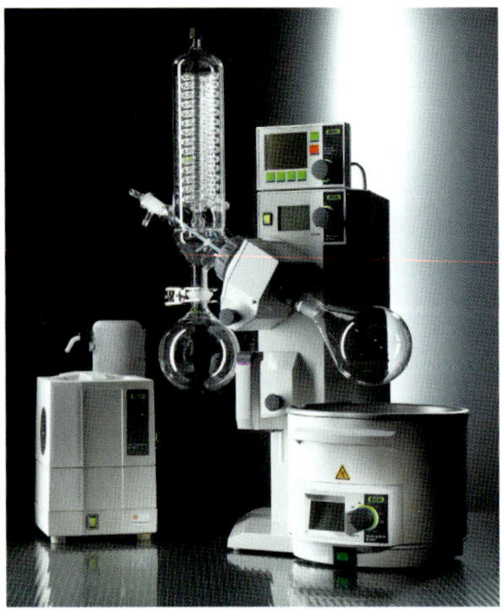

Rotationsverdampfer

ROTATIONSVERDAMPFER

Vor fünfzig Jahren wurde der Rotationsverdampfer von der Schweizer Firma Büchi für den Laboreinsatz entwickelt. Er besteht aus Heizbad, Rotationsantrieb mit Verdampferkolben, Kühler, Vakuumsegment und Auffangkolben. Modelle aus Heidolphs 4000er Serie sowie der Rotavapor von Büchi haben inzwischen vereinzelt Einzug in moderne Gastronomieküchen gehalten, Tendenz stark steigend. Der im Rotationsverdampfer ablaufende Destillationsprozess ermöglicht es, beispielsweise flüssige Lösungen – zum Zwecke der Herstellung von Aromakonzentraten – schonend einzudampfen und zu fraktionieren. Eignet sich auch zur Herstellung von Aromasalzen und anderen fein- oder grobkörnigen Substanzen.

Smoker

SMOKER

Im Gegensatz zur Imkerpfeife wird beim Smoker der Luftstrom nicht durch den Atem, sondern durch einen kleinen Blasebalg erzeugt. In der Imkerei dienen Smoker dazu, Rauch in den Bienenstock zu blasen, wodurch sich die Honigblasen der Bienen füllen und diese sanftmütiger werden. Im gastronomischen Einsatz dienen Smoker aber nicht zur Besänftigung der Gäste, sondern zum Räuchern von Speisen, die zum Beispiel unter einer Glasglocke serviert werden. Auch mit Elektropfeife und Verdampfer lassen sich vergleichbare Prozeduren erledigen.

SUPERBAG

Der Superbag ist ein feinporiger Filter, hergestellt aus einem flexiblen und hitzebeständigen Material. Durch seine Verformbarkeit lässt er sich unterschiedlichen Behältern problemlos anpassen. Da er große Mengen Ingredienzien aufnehmen kann und der Prozess des Abgießens und Filterns bei der Vorbereitung von Fonds, Brühen und Consommés entfällt, bringt der Einsatz von Superbags enorme Zeitersparnis.

SYPHON

Den zweiten Siegeszug des Syphons leitete Ferran Adrià ein, der das in den 70er Jahren als Sahneaufschäumer weit verbreitete Gerät für die Herstellung seiner Espumas nutzt. Inzwischen gibt es die Syphons mit unterschiedlichen Ausstattungsmerkmalen, zum Beispiel als Thermovariante, die den eingefüllten Inhalt über Stunden temperaturstabil hält. Die Firma ISI bietet derzeit das vielseitigste Produktportfolio an.

Syphon

TEE-EI

Was mit Teeblättern funktioniert, lässt sich ohne weiteres auch mit Kräutern, Gewürzen und anderen Aromagebern realisieren. Optimal dosiertes Aromatisieren von Flüssigkeiten wird durch Einhängen dieses kleinen Helfers in Töpfe oder Schüsseln möglich gemacht.

THERMOMIX

Der Thermomix von Vorwerk ist so etwas wie die eierlegende Wollmilchsau unter den Küchengeräten. Eine Vielzahl von Jobs lassen sich mit ihm schnell, präzise und unkompliziert erledigen. Für das molekulare Kochen ist das exakte Wiegen, das Mixen, Rühren und Emulgieren sowie temperaturgenaues Kochen und Garen von besonderer Bedeutung. Das alles gelingt mit dem Thermomix ohne Probleme, der als technische Besonderheit über Links- und Rechtslauf verfügt. Mit dem Linkslauf können empfindliche Lebensmittel bearbeitet werden, der Rechtslauf zerkleinert und pulverisiert die robusteren Zutaten. Zu seinen weiteren Fähigkeiten zählen: hacken, rühren, kochen, schroten, mahlen, schneiden und kneten.

Thermomix

ULTRASCHALLBAD

Goldschmiede reinigen darin Metalle, Optiker Brillen. Im Kucheneinsatz kann es zum Beispiel helfen, ultraschnell Mayonnaise aus Eigelb und Öl herzustellen.

VACPACK (VAKUUMIERGERÄT)

Vom einfachen Single-Tischmodell bis zur Standdoppelkammermaschine reicht die Auswahl an professionellen Vakuumiergeräten. Sowohl für das Sous-vide-Garen als auch für das mise en place (das gilt insbesondere bei der Vorbereitung von Caterings) ist eine Vakuum-Verpackungsmaschine von großem Nutzen.

GLOSSAR

ALAPYRIDAIN

Salz auf der Basis von Glucose-Alanin-Verbindungen, das zum Beispiel als eine Art natürlicher Geschmacksverstärker beim Kochen von Rinderfond entsteht.

ALDEHYDE

Moleküle, die in ihrer chemischen Struktur alkoholischen Verbindungen ähneln und für eine Vielzahl von Aromaqualitäten verantwortlich sind, zum Beispiel für fruchtige, grüne, nussartige, metallische und buttrige Noten.

AMINOSÄUREN

Organische Verbindungen, die auch elementare Bausteine von *Peptiden* und Proteinen sind. Es gibt etwa 200 unterschiedlich aufgebaute Aminosäuren, die ernährungsphysiologisch in essenzielle und nicht-essenzielle Aminosäuren eingeteilt werden. Das Lösungsverhalten von Aminosäuren in Wasser ist – je nach Verbindung – sehr unterschiedlich. Prolin ist sehr gut löslich, Tyrosin kaum löslich.

AMPHIPHIL

Eigenschaft von Molekülen in einer Substanz, die sowohl hydrophil als auch lipophil sind, also Bindungsfähigkeit zu Wasser und Fetten aufweisen. Amphiphile Moleküle, wie sie zum Beispiel in Sojalecithin vorkommen, können deshalb gut als *Emulgatoren* fungieren.

AMYLOSE

Ein Polysaccharid, das in heißem Wasser löslich ist und als Bestandteil der pflanzlichen Stärke zum Beispiel in Kartoffeln, Mais und Weizen vorkommt.

ANTIOXIDANTIEN

Umgangssprachlich als Oxidationshemmer bekannt. Sie wirken neutralisierend gegen freie Radikale, die durch ihre hohe Reaktionsfähigkeit in Körperzellen krankheitsfördernde Veränderungen hervorrufen können. Antioxidantien kommen als natürliche Bestandteile in Lebensmitteln vor wie Karotin und Lycopin, können aber auch synthetisch hergestellt werden. Synthetische Antioxidantien werden in der Regel eingesetzt, um fetthaltige Erzeugnisse wie Margarine vor dem Ranzigwerden zu schützen.

AROMAWERT

Der Wert bezieht sich auf einzelne Molekülverbindungen in Lebensmitteln und wird aus dem Verhältnis zwischen vorhandener Konzentration und Geruchsschwelle über die so genannte *Gas-Chromatograph-Olfaktometrie* ermittelt. Eine Molekülverbindung, die in hoher Konzentration in einem Lebensmittel vorkommt, muss nicht automatisch auch besonders geruchsaktiv sein. Molekülverbindungen mit den höchsten Aromawerten in einem Lebensmittel werden auch als Schlüsselaromen (key odorants) bezeichnet.

DENATURIERUNG

Überbegriff für die Beschreibung von Veränderungsprozessen bei Lebensmitteln, allen voran durch Garverfahren, aber auch durch *Oxidation* und Säuerung. Viele Lebensmittel werden nur durch Denaturierung genießbar.

DIFFUSION

Stofftransport von mikroskopisch kleinen Teilchen, beruhend auf deren Eigenbewegung, der zur vollständigen Durchmischung unterschiedlich konzentrierter Stoffe führt. Als Beispiel zur Veranschaulichung des Vorgangs wird immer wieder die Ausbreitung von blauer Tinte in Wasser genannt.

DISPERSION

Gemisch aus zwei Stoffen, die chemisch in der Regel nicht miteinander zu verbinden sind, wobei allerdings ein Stoff im anderen sehr fein verteilt vorliegt. Milch ist ein typisches Beispiel für eine Dispersion in Flüssigkeiten, da die Milchfettkügelchen als so genannte Innere Phase im Wasser, der Äußeren Phase, sehr fein verteilt sind. Die Phasen können durch Filterprozesse getrennt werden oder sich selbst wieder entmischen (sedimentieren).

EMULGATOREN

Hilfsstoffe zur Erzeugung von Emulsionen. Ihr *amphiphiler* Molekülaufbau lässt sie grenzflächenaktiv wirken und ermöglicht das homogene Vermengen von Öl-Wasser-Gemischen. Sie werden im europäischen Verzeichnis über Lebensmittelzusatzstoffe gelistet und finden industriell unter anderem Anwendung in Speiseeis, Mayonnaise, Wurstwaren und Schokolade. Sojalecithin zählt zu den bekanntesten und vielseitigsten Emulgatoren.

EMULSION

Fein verteiltes Gemisch zweier Flüssigkeiten wie Öl und Wasser, deren Moleküle sich nicht miteinander verbinden. Für die Küche relevant sind Öl-in-Wasser-Emulsionen wie zum Beispiel Milch und Mayonnaise oder Wasser-in-Öl-Emulsionen wie Butter.

ENZYME

Enzyme werden von biologischen Zellen gebildet, gehören zur Gruppe der *Proteine* und steuern komplexe chemische Prozesse wie den menschlichen Stoffwechsel. Auch in vielen Lebensmitteln erzeugen Enzyme chemische Reaktionen. Sie sind auf vielfältige Weise an der Reifung von Obst und Gemüsen beteiligt. Enzymnamen sind zumeist daran zu erkennen, dass sie auf -ase enden wie zum Beispiel Amylase und Celulase. Als enzymatischer Texturgeber kommt vermehrt eine Verbindung namens Transglutaminase zum Einsatz.

ESSENZ

Konzentrat einer beliebigen Flüssigkeit, das im Vergleich zum Ausgangsprodukt einen deutlich niedrigeren Wasseranteil aufweist.

EXTRUSION

Mechanischer Prozess, der mithilfe eines Extruders, auch Strangpresser oder Schneckenkneter genannt, ausgeführt wird. Das Gerät ähnelt einem Fleischwolf und zerschneidet, erhitzt und knetet härtere Zutaten wie Knochen, Körner und Granulate. Zutaten für diverse Frühstückszerealien sowie Knäckebrot und Snacks wie Erdnussflocken werden extrudiert.

FERMENTATION

Vom lateinischen Wort fermentum (Sauerteig) abgeleitet, umfasst der Begriff Fermentation jedweden gesteuerten biologischen Reaktionsprozess einschließlich der Gärung. Sie kann durch Bakterien, *Enzyme* oder Pilzkulturen in Gang gesetzt werden und dient sowohl der Haltbarmachung von Lebensmitteln (z. B. Sauerkraut), dem Abbau von Gerbstoffen (Kaffee, Tee usw.) sowie der Herstellung von Milchprodukten, alkoholischen Getränken und bestimmter Brotsorten (Sauerteige).

FLUID

Fluide umfassen sowohl Flüssigkeiten als auch Gase, die in ihrer Substanz ein unterschiedliches Fließverhalten zeigen können, je nachdem wie schnell sie sich unter Einwirkung von Bewegungsenergie verzerren.

FLUIDITITÄT

Maß für die Fließfähigkeit eines *Fluids*. Kehrwert der Fluidität ist die Viskosität.

FRUCTOSE

Fructose (Fruchtzucker) ist ein *Monosaccharid*, das in nahezu allen Früchten vorkommt und im Körper über die Leber insulinunabhängig verstoffwechselt wird, weshalb sie als diätisches Süßungsmittel eine große Rolle spielt. Die Süßkraft der Fructose ist um ein Fünftel stärker als die von weißem Haushaltszucker.

GAS-CHROMATROGRAPHIE-OLFAKTOMETER

Das Gas-Chromatographie-Olfaktometer (GCO) ist ein Analysegerät, das es ermöglicht, nicht nur flüchtige Verbindungen (Aromastoffe) aus Gemischen entsprechend ihrer Polarität oder ihrem Siedepunkt abzutrennen, mit einem Detektor zu erfassen und Ergebnisse aufzuzeichnen, sondern auch geschulten Analysten mittels Sniffing Port die Aromastoffe zwecks Beurteilung der Wahrnehmungsschwelle zuzuführen. Während also das Gerät den einen Teil des jeweils herausgelösten Stoffes misst, wird ein anderer Teil des Eluats über den Sniffing Port der Nase des Analysten zugänglich gemacht.

GLUTEN

So genanntes Klebereiweiß, bestehend aus *Proteinen* (90 %), *Lipiden* (8 %) und Kohlenhydraten (2 %). Es ist für die der Backeigenschaften von Mehl bedeutsam, da es – nach Anteigen mit Wasser durch Kneten gebildet – für eine hohe Elastizität des Teigs sorgt. So ist Weizenmehl beispielsweise glutenhaltiger als Roggen. Einige Menschen zeigen Unverträglichkeit gegenüber glutenhaltigen Backwaren, die sich oft als Störung im Verdauungssystem manifestiert. Teige mit glutenarmen Mehlen können unter Zugabe von Cellulosederivaten wieder an Elastizität gewinnen.

HYDROKOLLOIDE

Aus dem Griechischen übersetzt bedeutet es Wasserleim und beschreibt Tröpfchen oder Teilchen, die in Wasser in Lösung gehen und die Beweglichkeit des Wassers stark herabsetzen, also die *Viskosität* erhöhen. Sie werden deshalb als *Stabilisatoren*, Verdicker und Gelbildner eingesetzt. Die meisten Texturgeber wie Agar, Alginate, Gelatine und Cellulosederivate gehören zur Gruppe der Hydrokolloide.

HYDROLYSE

Umkehrung einer Kondensreaktion. Durch Hinzufügung von Wassermolekülen wird eine chemische Verbindung aufgespalten. Zahlreiche lebensmitteltechnologische Verfahren werden mit Hilfe der Hydrolyse durchgeführt, darunter auch die Herstellung einiger *Texturgeber* wie Maltodextrin. Auch im menschlichen Körper finden Hydrolysen statt. Die Spaltung von Adenosintriphosphat (ATP) zu Adenosindiphosphat (ADP) und einem Phosphatrest ist so ein Vorgang. Er sorgt in den Muskeln kurzzeitig für schnelle Energiegewinnung. 100-Meter-Sprintern und Gewichthebern nutzt diese Art der Hydrolyse besonders.

HYDROPHIL

Wasserliebende Teilchen wie z. B. Alkohol, die leicht mit Wasser interagieren.

HYDROPHOB

Substanzen, die sich nicht mit Wasser anfreunden können. Viele Fette gehören dazu. Sie lassen sich ohne Einsatz von *Emulgatoren* nicht fein in Wasser verteilen. Man denke nur an die Fettaugen auf der Oberfläche von Fleischbrühe.

INVERTZUCKER

Mengengleiches Gemisch aus Traubenzucker und Fruchtzucker, hergestellt durch *Hydrolyse* von *Saccharose* mit Säuren oder durch den Einsatz von *Enzymen*. Der Name stammt von der umgekehrten Lichtbrechung dieses Zuckers im Vergleich zur Saccharose, jeweils als Lösung in Wasser betrachtet.

KOLLAGEN

Faser*protein* mit einer seilähnlichen Struktur (Triplehelix), das hohe Zugfestigkeit besitzt. Es ist für die Funktion von Muskeln und Sehnen bei Menschen und Säugetieren von entscheidender Bedeutung. Die dichte Wicklung der Kollagenfasern hat vor allem bei der Zubereitung von Fleisch aus stark beanspruchten Muskelpartien große Auswirkung auf Art und Dauer des Garprozesses, da die Seilstruktur erst entflochten werden muss, damit das Fleisch seine Zähigkeit verliert. Ab etwa 55 °C wird dieser Prozess in Gang gesetzt.

KOLLOID

Teilchen, die in einem *Dispersion*smedium, zumeist einer Flüssigkeit, fein verteilt sind. In aufgeschlagener Schlagsahne oder auch in Espumas liegen die Kolloide allerdings als Gasteilchen (Luft, Stickoxide) vor.

KRYOGEN (CRYO)

Beschreibt Prozesse der Tiefsttemperaturerzeugung durch Gasverflüssigung von Stickstoff, Sauerstoff, Wasserstoff und Kohlenstoffdioxid (Trockeneis).

LACTOSE

Bezeichnung für den in Milchprodukten enthaltenen Zucker. Wie Haushaltszucker gehört er zur Gruppe der Disaccharide. Da Lactose das Mundgefühl vieler Produkte verbessert, wird sie zahlreichen Lebensmitteln wie Wurst, Brot, Eis und Schokolade zugesetzt. Gewonnen werden kann sie mittels Ultrafiltration aus Molke oder durch Kristallisation aus Molke-Trockenmasse. Um Lactose im Körper aufzuspalten, braucht es das körpereigene Enzym Lactase. Kann es nicht mehr gebildet werden, entsteht eine Lactoseintoleranz, die in der Regel Blähungen oder Durchfall verursacht. In gereiftem Käse wird Lactose zu Milchsäure umgewandelt und sollte deshalb kaum Probleme bereiten. Lactoseintoleranz hat nichts mit einer Milcheiweißallergie zu tun.

LIOFILISATION

Auch als Lyophilisation in der Lebensmittelindustrie geläufig. Ein Verfahren, durch das Lebensmittel zugleich gefriergetrocknet und vakuumiert werden.

LIPIDE

Verschiedenartig aufgebaute Substanzen, die nicht in Wasser aber in anderen organischen Lösungsmitteln löslich sind. Ausnahmen bilden die grenzflächenaktiven, *amphiphilen* Lipide wie Lecithin. Sie stellen eine eigene Lipid-Klasse dar und werden als polar bezeichnet, wobei alle anderen zu den neutralen Lipiden gehören, darunter Fettsäuren, Glyceride, Wachse und Carotinoide (Pflanzenfarbstoffe). Glyceride sind Energieträger, beeinflussen Konsistenz und Mundgefühl und dienen auch als Lösungsmittel für viele Geruchs- und Geschmacksstoffe.

LIPOPHIL

Substanzen, die in *Lipiden* gut löslich sind oder *Lipide* gut lösen können. Dazu gehören viele natürliche Aroma- und Geschmacksstoffe.

LIPOPHOB

Substanzen, die nicht in *Lipiden* löslich sind, werden als lipophob bezeichnet wie zum Beispiel Wasser.

LÖSUNG

Homogenes Gemisch aus zwei oder mehr Substanzen, das sowohl fest wie auch flüssig oder gasförmig sein kann. Lösungen brauchen immer einen gelösten Stoff und ein Lösungsmittel. Letztere sind in der Regel Flüssigkeiten. Gelöste Stoffe können fest (Algin in Wasser), flüssig (Alkohol in Wasser), aber auch gasförmig (Kohlenstoffdioxid in Sekt) sein. Ist nicht genug Lösungsmittel vorhanden, setzt sich der zu lösende Stoff ab, da die Lösung bereits gesättigt ist.

MAILLARDREAKTIONEN

Komplexe Prozessreihe chemischer Reaktionen, die bei Gargut durch Hitzeeinwirkung über 140 °C entstehen. Dabei reagieren verschiedene *Saccharide* mit *Proteinen* und erzeugen einen Bräunungseffekt sowie vielfältige Aromenbildung. Benannt nach dem französischen Chemiker und Physiker Louis Camille Maillard (1878 – 1936).

MOLEKÜL

Aus dem Lateinischen von molecula für „kleine Masse" abgleitet, bezeichnet ein Molekül eine Gruppe von Atomen, die durch Elektronenpaarbindungen miteinander verknüpft sind. Alle beim Kochen relevanten Prozesse – vom Braten über das Schmelzen bis zum Emulgieren – haben mit Kräften zu tun, die zwischen den Molekülen wirken. Dazu zählen Wasserstoffbrücken sowie polare Bindungen und Wechselwirkungsenergie.

NITROGEN

Englische Bezeichnung für Stickstoff.

OAV

Abkürzung für Odor Activity Value. Spielt eine wichtige Rolle in der Aromenforschung und bezeichnet den Aromawert einer Verbindung. Der OAV wird über die Relation zwischen der Menge des einzelnen, im Lebensmittel vorhandenen Inhaltsstoffes und der ortho-nasalen Wahrnehmungsschwelle ermittelt. Tatsächlich vorhandene Menge geteilt durch die Menge, die nötig ist, um den Aromastoff wahrzunehmen, ergibt den Aromawert. Die Inhaltsstoffe mit dem höchsten Aromawert sind die so genannten Schlüsselaromen (key odorants / character impact compounds), deren Entfernung aus einem Lebensmittel dessen Identifizierung kaum mehr möglich macht.

OFF FLAVOUR

International übliche Bezeichnung für Fehlaroma. Fehlaromen können durch zahlreiche Einflüsse wie Tierfütterung, Düngung und Umweltverschmutzung sowie Lagerung und Verarbeitung entstehen.

OXIDATION

Unter Hinzukommen von Sauerstoff ablaufende chemische Reaktion, die bei Lebensmitteln vielfach unerwünschte Effekte hat. Unerwünscht sind unter anderem die so genannte Fotooxidation bei Milch, die den unappetitlichen Sonnenlichtgeschmack bewirkt, und die Grapefruitnote bei oxidiertem Orangensaft (off flavours).

PH-WERT

Maßeinheit für die basische und saure Wirkung einer wässrigen *Lösung*. Eine neutrale Lösung hat den pH-Wert 7. Werte darunter geben saure, Werte darüber Lösungen mit basischer Wirkung an. Da der pH-Wert für eine Reihe von Kochprozessen und nicht zuletzt im Zusammenhang mit dem Einsatz von Texturgebern von Bedeutung ist, empfiehlt sich die Nutzung eines pH-Meters.

REDUKTION

Beim Kochen in der Regel ein Wasserverdampfungsvorgang mit dem Ziel, die Viskosität von Flüssigkeiten zu erhöhen oder Geschmackskonzentrationen zu bewirken. Manche Reduktionsprozesse erzeugen jedoch Fehlaromen *(off flavours)*.

PROTEINE

Proteine, auch Eiweiße genannt, bestehen aus aneinander gereihten Aminosäuren. Sie sind Grundbausteine aller Zellen und je nach biologischer Funktion, die das Protein zu verrichten hat – und das sind allein im menschlichen Körper schon einige sehr wichtige, wie sie zum Beispiel das sauerstofftransportierende Hämoglobin im Blut ausführt – unterschiedlich geformt. Etwas über zwanzig Aminosäuren bilden die Hauptgruppe der in Proteinen üblicherweise vorkommenden Aminosäuren.

SACCHARIDE

Kohlenhydrate, die als Mono-, Di-, Oligo- und Polysaccharide vorliegen können, sind als Grundnährstoffe wesentliche Bausteine unserer Nahrung und wichtiger Energieträger. Sie sind aber auch als Ballaststoffe, Gelbildner, Verdickungsmittel und Süßstoff von Bedeutung. Unterschieden werden sie anhand der Verzweigungen ihrer Kohlenstoffketten. Glucose und Fructose sind Monosaccharide (Einfachzucker), liegen also unverzweigt vor. Im Zusammenwirken mit *Proteinen* und *Aminosäuren* sind Monosaccharide auch an der *Maillard-Reaktion*, zum Beispiel beim Braten von Fleisch, beteiligt. Polysaccharide sind auf vielfältige Weise verknüpfte Monosaccharide (mehr als zehn). Sie wirken strukturbildend wie Cellulose und Pektin und/oder wasserbindend wie zum Beispiel die meisten *Texturizer* (Algin, Agar etc.).

STABILISATOR

Wird in der Regel zur Stabilisierung von Emulsionen, also zur Verhinderung von Phasentrennung, verwendet. Viele gesundheitlich völlig unbedenkliche Hydrokolloide wie Cellulosederivate, Agar und Guarkernmehl haben stabilisierende Wirkung. Andere Stabilisatoren wie zum Beispiel Kaliumsalze (Kaliumphosphat etc.), die auch als Säureregulatoren fungieren, sind wegen gesundheitsbedenklicher Auswirkungen umstritten.

STRUKTURVISKOSITÄT

Fähigkeit einer Flüssigkeit, den Widerstand gegen das Fließen zu verringern, wenn Scherkräfte einwirken; also sozusagen flüssiger zu werden, sobald sie (zum Beispiel in einem Gefäß) geschüttelt wird. Siehe auch Tixotrophie.

TENSIDE

Grenzflächenaktive Stoffe, die vor allem bei der Herstellung von *Emulsionen* große Bedeutung haben. Sie vermindern die Oberflächenspannung zum Beispiel in Öl-Wasser-Gemischen und tragen zur Feinverteilung bei. Lecithin zählt zur Gruppe der natürlichen Tenside. Jedoch sind Tenside auch synthetisch herstellbar. Siehe auch unter *amphiphil* und *Emulgatoren*.

TEXTUR

Vom lateinischen Begriff Gewebe abgeleitet, beschreibt Textur in Bezug auf Lebensmittel – in Abgrenzung zur Konsistenz – deren strukturelle Beschaffenheit. Die Fasrigkeit von Fleisch ist eine typische texturelle Beschaffenheit eines in der Konsistenz festen Lebensmittels. Auch flüssige Substanzen wie Wein weisen unterschiedliche Texturen auf.

TEXTURIZER

Texturgeber, die einem Produkt zugegeben werden und zu dessen textureller Veränderung beitragen wie Verdickungsmittel, Stabilisatoren und Gelbildner. Siehe auch *Hydrokolloide*.

TIXOTROPHIE

Flüssigkeiten, die nach Scherkrafteinwirkung wie Schütteln ihre *Viskosität* abbauen, also dünnflüssiger werden und nach Beendigung der Scherkrafteinwirkung ihre ursprüngliche Viskosität wieder aufbauen, verfügen über tixotrophe Eigenschaften wie zum Beispiel Ketchup. Der Einsatz eines *Texturizers* wie Guarkernmehl kann zur Ausbildung tixotropher Eigenschaften in einer Flüssigkeit beitragen. Im Gegensatz zu strukturviskosen *Fluiden* erlangen tixotrophe Flüssigkeiten ihre ursprüngliche Viskosität im Ruhezustand wieder zurück.

ULTRAFILTRATION

Ähnlich wie die Umkehrosmose ist die Ultrafiltration ein Membranfiltrationsverfahren zur Konzentration von Flüssigkeiten sowie zur Abtrennung unerwünschter Bestandteile. Es filtert allerdings nicht so fein wie die Umkehrosmose und wird auch bei der Trinkwasseraufbereitung genutzt.

UMAMI

Bezeichnet die fünfte Grundqualität von insgesamt sechs Geschmackseindrücken, die auf der Zunge wahrnehmbar sind (süß, sauer, salzig, bitter, fett und umami). Wird als so genannter Würzgeschmack (auch Fleischgeschmack oder Wohlgeschmack) durch Glutaminsäure, wie sie unter anderem in Fleisch und gereiftem Käse vorkommt, getragen. Glutaminsäure kommt auch als chemisch zugesetzter Geschmacksverstärker in zahlreichen Lebensmitteln vor. Sie soll den sensorischen Eindruck des Ausgangsprodukts intensivieren.

UMKEHROSMOSE

Filtrationsverfahren zur Konzentration von Flüssigkeiten mittels Membranen, die nur Wasser und Stoffe mit kleinen Molmassen (wie Zucker, Aromastoffe und Salze) durchlassen. Diese mit Druck arbeitende Technologie wird sowohl bei der industriellen Herstellung von Fruchtsäften wie auch bei der Weinbereitung genutzt.

VISKOSITÄT

Viskosität beschreibt die Kraft, die in Flüssigkeiten und Gasen Widerstand gegen fließende Bewegungen leistet. Je zähflüssiger ein Stoff, desto höher seine Viskosität. Kehrwert der *Fluidität*.

BEZUGSQUELLEN

DEN FOLGENDEN FIRMEN DANKEN WIR FÜR IHRE UNTERSTÜTZUNG:

AMT Alumetall-Gießtechnik GmbH
Glörstraße 20–22
D-58579 Schalksmühle
Fon +49 2355 508313
Fax +49 2355 509777
Internet www.gastroguss.de

Bos Food GmbH
Grünstraße 24c
D-40667 Meerbusch
Fon +49 2132 139-0
Fax +49 2132 139-100
Email service@bosfood.de
Internet www.bosfood.de

Biozoon
Food Innovations GmbH
Fischkai 1
D-27572 Bremerhaven
Fon +49 471 4832-401
Fax +49 471 4832-419
Email info@biozoon.de
Internet www.biozoon.de

Broterbe Gaues
Rehbergstraße 5
D-30173 Hannover
Fon +49 511 8094187
Fax +49 511 8094187
Email info@broterbe-gaues.de
Internet www.broterbe-gaues.de

BuchGourmet
Hohenzollernring 16–18
D-50672 Köln
Fon +49 221 2574072
Fax +49 221 255305
Email buchgourmet@netcologne.de
Internet www.buchgourmet.com

BÜCHI Labortechnik GmbH
Am Porscheplatz 5
D-45127 Essen
Fon +49 800 414-0414 (freecall)
Fax +49 201 237082
Email deutschland@buchi.com
Internet www.buchi.com

Deutsche See
Maifischstraße 3–9
D-27572 Bremerhaven
Fon +49 471 13-01
Fax +49 471 13-1400
Email info@deutschesee.de
Internet www.deutschesee.de

Enologos AG
Europaallee 33e
D-50226 Frechen
Fon +49 2234 6010-0
Fax +49 2234 6010-500
Email marketing@enologos.org
Internet www.enologos.de

Fargano GmbH & Co. KG
Balkenstraße 8
D-44137 Dortmund
Fon +49 1805 480555 (14 ct./Min.)
Fax +49 231 5463904
Email info@fargano.de
Internet www.fargano.de

Fleischhacker GmbH & Co. KG
An der Silberkuhle 18
D-58239 Schwerte
Fon +49 2304 931-125
Fax +49 2304 931-127
Internet www.fleischhacker.biz

Gebrüder Otto GbR
Industriestrasse 33
D-52525 Heinsberg
Fon +49 2452 97626-0
Fax +49 2452 97626-12
Email info@otto-gourmet.de
Internet www.otto-gourmet.eu

Georg Breuer GmbH
Limburgerstr. 42a
D-61462 Königstein
Fon +49 6174 2093-16
Fax +49 6174 2093-22
Email office@foodingredients.de
Internet www.foodingredients.de

hering BERLIN GmbH
Königsweg 303
D-14109 Berlin
Fon +49 30 806040-05
Fax +49 30 806040-09
Email info@hering-berlin.de
Internet www.hering-berlin.de

iSi Deutschland GmbH
Mittelitterstr. 12–16
D-42719 Solingen
Fon +49 212 397-0
Fax +49 212 397-222
Email isideutschland@isi-group.com
Internet www.isi-group.com

JULABO Labortechnik GmbH
Eisenbahnstrasse 45
D-77960 Seelbach
Fon +49 7823 51-0
Fax +49 7823 2491
Email info@julabo.de
Internet www.julabo.de

Krups GmbH
Herrnrainweg 5
D-63067 Offenbach am Main
Fon +49 69 8504-0
Fax +49 69 8504-530
Email info@krups.de
Internet www.julabo.de

Leonardo
glaskoch B. Koch jr. GmbH + Co. KG
Postfach 1354
D-33003 Bad Driburg
Fon +49 5253 86-0
Fax +49 5253 86-2
Email info@leonardo.de
Internet www.leonardo.de

Linde AG
Leopoldstrasse 252
D-80807 München
Fon +49 89 35757-01
Fax +49 89 35757-1075
Email info@linde.com
Internet www.linde.com

POWERLUX Vertriebs GmbH
Meilenberger Str. 4
D-82057 Icking-Dorfen
Fon +49 8171 818272
Fax +49 8171 818273
Email powerlux@t-online.de
Internet www.pacojet.de

rewirpower
Ostring 28
D-44787 Bochum
Fon +49 234 960-0
Fax +49 234 960-4000
Email info@rewirpower.de
Internet www.rewirpower.de

ROSARIA
Liebfrauenweg 4
D-53125 Bonn
Fon +49 228 9180179
Fax +49 228 9180230
Email creation@rosaria.de
Internet www.rosaria.de

ttz Bremerhaven
Fischkai 1
D-27572 Bremerhaven
Fon +49 471 4832-124
Fax +49 471 4832-129
Email info@ttz-bremerhaven.de
Internet www.ttz-bremerhaven.de

Vorwerk Deutschland Stiftung & Co. KG
Mühlenweg 17–37
D-42770 Wuppertal
Fon +49 202 5641879
Fax +49 202 5641252
Email thermomix@vorwerk.de
Internet www.vorwerk-thermomix.de

Zieher KG
Kulmbacher Str. 15
D-95502 Himmelkron
Fon +49 9273 9273-0
Fax +49 9273 9273-74
Email info@zieher.com
Internet www.zieher.com

DANK

Für inhaltliche, technische und wissenschaftliche Unterstützung sowie Motivation danken wir Werner Mlodzianowski und Claudia Krines vom TTZ Bremerhaven, Hervé This, Harold McGee, Ferran Adrià, Dr. Marco Kleine, Heston Blumenthal, den Brüdern Joan, Josep und Jordi Roca, Thierry Marx, Ramon Sanchez Romero, Alain Ducasse, Egbert Witte, Katrin Heyder, Thomas Ruhl (Port Culinaire), Michael Tempel (Gault Millau Magazin), Martin Lersch, Bernd Otto, Ingo Oschmann.

Ralf Müller danken wir für die wieder einmal großartigen Bilder und Frieder Krohmer für die sehr überzeugende grafische Umsetzung des Buches, Thorsten kleine Holthaus und Thomas Steuer für Fotoassistenz und Bildbearbeitung sowie David und Hubertus Tzschirner, Rene Stein, Jürgen Crämer und Uwe Strzelecki für ihre Assistenz am Herd.

Ein tiefer persönlicher Dank gilt natürlich unseren Familien und Freunden, insbesondere Ingrid, Jörg, Kirsten, Marlies, Nathalie, Gerd, Vred und Werner.

Wir empfinden große Freude darüber, in Bruni Thiemeyer, der Leiterin des Matthaes Buchverlages, eine leidenschaftliche Unterstützerin unserer Arbeit gefunden zu haben, deren große Liebe zur Kochkunst verknüpft ist mit dem kraftvollen, gleichwohl unverkrampften Streben, das perfekte Buch zu machen.

QUELLEN

PRINT

Grosch, Schieberle, Belitz / Lehrbuch der Lebensmittelchemie (Springer Verlag)
Herta Ziegler / Flavourings (Verlag Wiley)
Harold McGee / On Food and Cooking (Scribner)
Hervé This / Rätsel und Geheimnisse der Kochkunst (Piper Verlag)
Peter Barham / Die letzten Geheimnisse der Kochkunst (Piper Verlag)
Klaus Roth / Chemische Delikatessen (Verlag Wiley)
New York Times
Werner Strube / Zeitschrift für Ästhetik und allgemeine Kunstwissenschaft Band 30/1 (1985): zur Geschichte des Sprichworts „Über Geschmack lässt sich streiten"

INTERNET

www.khymos.org
www.wikipedia.de
www.oekotest.de
www.inicon.net
www.eigenarbeit.org/molekularkueche
www.foodpairing.be

HEIKO ANTONIEWICZ 1965 in Dortmund geboren, hat seinen ausgezeichneten Ruf als Meister des Fingerfoods über die letzten eineinhalb Dekaden hinweg an vielen Stationen immer wieder unter Beweis gestellt. Zahlreiche Auszeichnungen und der große Erfolg seines Buches Fingerfood, das mit dem World Cookbook Award in der Kategorie Innovativstes Kochbuch der Welt prämiert wurde, sind Belege seines vielseitigen Könnens. Er kreierte das Champions-League-Dinner für Borussia Dortmund nach deren Finalsieg, entwarf 2006 das Menü für Queen Elizabeths Besuch in Berlin, kochte für Angela Merkel und König Harald von Norwegen ... Heute gilt Antoniewicz als einflussreichster Koch der molekular inspirierten Avantgardeküche in Deutschland. Viele hundert ambitionierte Köche haben in den letzten Jahren seine Seminare besucht und sich von seinen Rezepturen inspirieren lassen.
Kontakt: www.verwegen-kochen.de, www.antoniewicz.org, ha@antoniewicz.org

KLAUS DAHLBECK 1962 in Bochum geboren, begann seine journalistische Laufbahn mit dem Schreiben von Gastronomiekritiken für Zeitschriften wie Essen & Trinken, ELLE und DER FEINSCHMECKER. Später arbeitete er als Redakteur und Redaktionsleiter des Stadtmagazins PRINZ sowie als Autor für die Westdeutsche Allgemeine Zeitung (WAZ). Sein Anliegen, kulinarischen und vinophilen Genuss als demokratische Angelegenheit zu fördern, lässt ihn seit 1994 einen Weintest organisieren, der unter Beteiligung einiger der besten deutschen Sommeliers, inzwischen als bundesweit bekanntester Alltagsweintest (rewir-power-Weintest) große Aufmerksamkeit genießt. Klaus Dahlbeck arbeitet heute als freier Autor unter anderem für das Gault Millau Magazin und pflegt unter www.kompottsurfer.de einen Blog zu kulinarischen Themen.
Kontakt: www.kompottsurfer.de, klaus.dahlbeck@dieschreibweisen.de

RALF MÜLLER 1960 in Binzen bei Lörrach geboren, absolvierte ein Fotodesignstudium an der Fachhochschule Dortmund. Schon während des Studiums gründete er mit Kollegen das „CENTRUM – Studio für Fotografie“. Das breit gefächerte Spektrum seines Studios umfasst die Erstellung von Bildkonzeptionen sowie die Durchführung der fotografischen Arbeiten mit den Schwerpunkten Stills, Industrie, People, Architektur- und Sachfotografie.
Kontakt: Ralf Müller, Fotografie, Overhoffstraße 2, 44379 Dortmund, www.rmfd.de, info@rmfd.de

DAVID TZSCHIRNER 1972 in Görlitz geboren, absolvierte eine Ausbildung zum Konditor und schloss 2003 erfolgreich die Meisterschule ab. Nach seiner Zeit als Küchenchef im Offizierskasino von Bad Ems und Stationen als Konditor und Barkeeper ist er jetzt selbständig und unter anderem für Heiko Antoniewicz aktiv.

HUBERTUS EMANUEL TZSCHIRNER 1976 in Görlitz geboren, ist ausgebildeter Koch und staatlich geprüfter Betriebswirt des Hotel- und Gaststättengewerbes. Nach Stationen als Commis und stellvertretender Küchenchef im Hotel Herrenhaus von Löw, unterstützt er heute unter anderem Projekte von Heiko Antoniewicz.

RENÉ BASTIAN STEIN 1981 in Hagen geboren, absolvierte seine Kochausbildung von 1998–2001 im Dortmunder Landhaus Syburg. Nach einer Station in Freiburg arbeitete er schon von 2002 bis 2004 mit Heiko Antoniewicz bei Art Manger in Dortmund zusammen, ehe er für zwei Jahre zu Martin Göschel in den Tiger Palast Frankfurt ging. Von 2006 bis Mai 2008 arbeitete er als Chef de Partie bei Juan Amador in Langen.

FRIEDER KROHMER 1969 in Reutlingen geboren, absolvierte ein Grafik-Design-Studium an der „Akademie-Fellbach für Grafik-Design". Danach sammelte er in Werbeagenturen praktische Erfahrungen und machte sich 1993 zusammen mit seiner Frau selbständig. Anfangs lag das Hauptbetätigungsfeld in der klassischen Werbung. Heute betreibt er ein Grafik-Atelier mit den Schwerpunkten Buch- und Covergestaltung sowie die dazugehörende Satzabwicklung.
Kontakt: Atelier Krohmer, Kommunikations-Design, atelierkrohmer@t-online.de

IMPRESSUM

ISBN 978-3-87515-024-7

2. Auflage 2008

Texte: Klaus Dahlbeck, Bochum

Rezepte und Foodstyling: Heiko Antoniewicz, Bergkamen

Fotografie: Ralf Müller Fotografie, c/o CENTRUM, Dortmund

Lektorat: Klaus Hennig-Damasko, Stuttgart

Copy editing: Martina Kunrath, Stuttgart

Grafische Gestaltung und Producing: Atelier Krohmer, Dettingen/Erms

Printed in Germany